사람의 길

사람의 길
ⓒ 김택근 2008

초판 1쇄 발행일　2008년 1월 21일
초판 2쇄 발행일　2008년 2월 11일

지은이　　김택근
펴낸이　　이정원
책임편집　김상진
펴낸 곳　　도서출판 들녘
등록일자　1987년 12월 12일
등록번호　10-156
주소　　　경기도 파주시 교하읍 문발리 파주출판단지 513-9
전화　　　마케팅 031-955-7374 편집 031-955-7381
팩시밀리　031-955-7393
홈페이지　www.ddd21.co.kr
ISBN 978-89-7527-592-0(03810)

※값은 뒤표지에 있습니다. 잘못된 책은 구입하신 곳에서 바꿔드립니다.
※이 책은 저작권법에 의해 보호받고 있습니다. 이 책의 저작권은 저자에게 있으므로 저자의 허락 없이 내용 일부분 혹은 전체를 인용, 전재, 모방할 수 없습니다. 이 책은 판매용이므로 저자의 허락 없이 상업적 목적의 대여 행위를 할 수 없습니다.

사람의 길

도법스님 생명평화 순례기

김택근 지음

들녘

| 내가 만난 도법스님 |

생명평화 그리고 사람

수경 대한불교조계종 화계사 주지

돌이켜보면 참으로 먼 길을 걷고 걸어 여기까지 왔습니다. 출가 40여 년 만에 처음으로 화계사 주지 소임을 맡게 되었으니 아직은 영 어색한 옷을 입은 듯 부자연스럽지만, 운수납자의 길 위에서 어찌 꽃 피고 새 우는 봄바람만을 바라겠습니까? 누가 뭐라 하든 수처작주隨處作主의 자세로 지금 바로 여기에서 최선을 다할 뿐입니다.

날마다 아직 어린 행자가 되어 새벽도량을 돌다 말고 문득 가을 하늘을 올려다봅니다. 저 푸르디푸른 하늘이 내게는 오늘 지금 여기에서 되새기고 또 되새기는 참회의 거대한 청동거울입니다. 이 세상에 존재하는 유정, 무정의 그 모든 것들이 한 뿌리이자 서로가 서로를 비춰주는 거울일지니 나는 오늘도 발로참회의 자세로 초심을 다잡고 다잡아봅니다.

문득 탁발순례를 시작하던 2004년 3월1일, 노고단의 찬바람이 오늘 저의 이마를 아프게 스칩니다. 지리산은 여여하신지, 실상사 삼층석탑은 잘 있는지, 작은학교 아이들과 농장공동체 식구들은 잘 지내는지, 더불어 참으로 오랜 도반인 도법스님과 연관스님의 안부도 궁금해집니다.

실상사 극락전에서 바라보던 지리산 천왕봉의 환한 이마가 떠오르고, 참으로 눈 밝은 이들과 함께했던 낙동강 1,300리 도보순례와 지리산 850리 도보순례, 그리고 지리산 위령제와 북한산 철마선원, 새만금 삼보일배와 생명평화 탁발순례……. 생각만 해도 눈시울이 뜨거워집니다.

'세상의 평화를 원한다면 내가 먼저 평화가 되자'며 얻어먹고 얻어 자며 3년 동안 걷고 또 걷기로 했습니다만, 안타깝게도 나는 삼보일배의 후유증으로 중도에 하차할 수밖에 없었습니다. 미안하고 또 미안했습니다. 내내 함께 하지 못한 아쉬움은 크지만, 생명평화의 큰 길 위에서 어찌 서로 다른 길을 갈 수 있겠는지요? 그동안은 '따로 또 같이' 화이부동和而不同의 날들이었습니다.

도법스님은 실상사 주지 소임을 내려놓고 불타는 세상 속으로 뛰어들어 4년간 경기도와 서울을 제외한 거의 모든 곳을 걷고 걸었으며, 연관스님은 봉암사 특별수도원 등에서 용맹정진을 해왔습니다. 폐사지처럼 한가했던 지리산 실상사가 그동안 우리 시대 '생명평화의 베이스캠프'로 거듭날 수 있었던 것은 도법스님의 부단한 열정 때문이었습니다. 또한 그 배후에는 언제나 연관스님이 있었고, 나 또한 미력이나마 힘을 보태려 했으니 세간에서는 두 스님과 더불어 '실상사의 삼두마차'라 부르기도 했습니다.

또한 낯부끄러운 평가이기는 하나 어느 시인은 두 스님과 나를 두고 스타일이 확연히 다르다는 것을 강조하며 "도법스님은 합리적이면서도 근본주의자인 '깐깐한 지장智將'이요, 연관스님은 선비나 학자다우면서도 큰 덩치에 비해 '여린 풀꽃의 덕장德將'이요, 수경스님은 선객다우면서도 '섬세한 용장勇將'이다"라고 평하기도 했습니다.

지난 시절을 돌이켜보면, '지리산 댐 문제'가 불거지자 도법스님은 '진속불이眞俗不二' 관점으로 산중의 나를 끝까지 설득해 산문 밖으로 이끌어내는 데 성공했고, 나 또한 그 화답으로 도보순례뿐 아니라 삼보일배에 이르기까지 내친 김에 온몸으로 나섰습니다.

그러나 연관스님은 여전히 '목석'이었습니다. 학승의 자세를 잃지 않고 언제나 그늘과 배후를 자처해왔습니다. 그러나 7대 종단과 시민사회단체가 함께한 '지리산 위령제'를 전후해 도법스님이 스스로 산

문 밖 출입을 삼가며 3년 기도에 들어가자 연관스님은 목숨을 걸고 한겨울 '백두대간 1,500리 종주'로 화답했습니다.

또한 내가 불을 지핀 '해인사 청동대불 사건' 때는 오히려 연관스님이 앞장을 섰으며, 생명평화탁발 순례길에는 도법스님이 단장을 맡아 일선에 서고 나는 도감을 맡으며 묵언하는 등 언제나 함께했습니다.

휘휘 세상을 둘러보면 여전히 불교계 안과 밖은 온통 병들어 있습니다. 생명평화의 새로운 패러다임으로 세상을 보노라면 참으로 절망적이지 않을 수 없습니다. 정치는 정치대로 그러하고, 종교·경제·사회·문화·환경 등 그 모든 분야가 마찬가지입니다. 그 어디에서 그 누구를 만나도 하나같이 살기 힘들다고 했습니다. 스스로 행복하다고 믿는 사람을 만나기가 이렇게도 어려우니 "네가 아프니 나도 아프다"는 유마거사처럼 나 또한 고통스러울 수밖에 없었습니다.

얼핏 보면 도법스님이나 나나 서로 가는 길이 많이 달라 보이고, 중병 구제의 처방이 달라 보이지만 무릇 생사의 큰 문을 여는 대장부의 길은 여전히 하나일 뿐입니다. 나 또한 언제까지나 이 길 위에서 함께할 것입니다. 오늘도 지금 바로 이 자리에서 인드라망의 맑고 맑은 구슬들이 세상 도처에서 서로가 서로를 비춰주고 있으니 나 또한 세상의 한 모퉁이에서 더불어 빛날 수 있습니다

마침내 김택근 시인이 생명평화 탁발순례단과 도법스님에 대한 취재기록이자 빛나는 산문정신을 세상에 내보인다니 그저 고맙고 고마울 뿐입니다.

2008년 1월

| 내가 만난 도법스님 |

쇠鐵나무에 꽃이 피리라

김민해 남녘교회 담임목사

나는 도법스님을 잘 모른다. 춤도 못 추고 노래도 잘 부르지 않는다는 사실 정도는 안다. 사실 도법도 모르고, 승려에 대해서도 캄캄하다. 나도 '나'를 모르는데, 누구를 알겠는가. 다만 하늘에서 맺어준 인연 따라 몇 차례 뵙던 것이 여기까지 이끌려 왔다. 눈 내리는 어느 날이었다. 실상사 뜰을 거닐 때 "김 목사님은 사람들을 너무 가깝게 하는 것 같아요." 스님께서 슬쩍 던진 한마디는 그날 추위보다 나의 뇌리를 더 차갑게 뚫고 지나갔다. 두어 번 만났을 때 일이다. 뭐 이런 사람이 있나 싶었지만, 그 말은 나에게 죽비처럼 현존하고 있다.

그리고 생명평화를 찾아 탁발순례를 떠난 지 1년. 어느 복지시

설에서 김장김치를 담고 있다는 순례단을 찾아 스님을 뵈었다.

"스님 다 내려놓고 떠나셨는데 뭐가 달라졌습니까?"

"내가 변했지요."

"무슨 말씀입니까? 세상의 변화를 바라며 길을 나섰잖습니까?"

"절집에 있을 때 알았던 부처님하고 길을 나선 뒤 부처님이 달라요. 그리고 같은 옷을 입은 사람은 같은 생각을 하는 줄 알았는데 그렇지 않더군요. 다른 색깔 옷을 입은 사람도 같은 생각을 하고 있다는 것을 알았습니다."

스님은 만나면 '진리' 이야기뿐이다. 스님은 불제자이면서 간디를 존경한다. 간디가 걸었던 진리파지·비폭력 저항의 길만이 우리 사회를 구현할 수 있다고 믿는다. 함석헌 선생께서 "나는 이제 우리의 나갈 길은 간디를 배우는 것밖에 없다고 생각한다"는 말씀과 흐름을 같이한다. 왜 간디인가? 함 선생은 "간디의 길은 참의 길이기 때문에 아무 꾀나 술책이 없다. 선동이나 선전도 없다. 비밀이 없다. 대도직여발大道直如髮이다. 지극히 단순하고 간단한 것이다. 그러므로 누구나 할 수 있는 것이 그 길이다. 그러나 반드시 대중으로 하는 데모도 아니다. 그것은 혼자서도 하는 싸움이다"라고 한다. 스님은 간디가 홀로 걸었던 그 길을 가고 있다. 부처를 만나면 부처를 죽이며 걷는 진리의 길, 생명평화의 길. 그는 "예수·붓다·원효가 살아간 길이 이 길이다. 그들에게 이끌려 여기까지 온 것이니, 그 끌림에 따라 걸어가면 될 터이다. 결과는 신경 쓸 일이 아니다. 걷는 것 그 자체가 결과이고, 사람을 만나는 것 그 자체가 성과이다. 걷고 또 걷고, 만나고 만난 만큼 생명평화의 씨앗이 온 세상 구석구석에 뿌려진다는 확신으로 그렇게 걸어갈 것이다"라고 말한다.

　스님 말씀이 어렵다고 한다. 실천하기는 더 힘들다고 한다. 나도 그렇다. 그런데 정언正言은 약반若反이라 바른 말은 거꾸로 하는 말처럼 들린다. 문제는 바르게 살고자 하느냐 그렇지 않느냐, '나'에게 있다. 사람들은 도법스님에 대해 이러쿵저러쿵 말들을 한다. '진보와 보수', '불교와 기독교', '조선일보와 한겨레신문', '자연이냐 인간이냐' 보다 다른 무엇을 자꾸 이야기하기 때문이리라. 그렇다. 스님은 더 중요한 것이 있다. 진실이다. '어느 쪽이냐' 보다 무엇이 더 진실이냐가 스님께는 소중하다.
　내가 본 스님은 '물'과 같은 사람이다. 아마 '자기'의 고정된 모습을 따로 지니지 않아 사람들이 이런저런 소리도 하나 보다. 그는 부드럽고 연약하다. 사심이 없다. 누구를 골라서 친하지 않으며,

사람을 버리지 않는다. 무정하다. 그래도 나는 아직 스님을 의심할 때가 있다. 사람관계는 믿음에서 출발하여 믿음으로 끝난다는데…….

내가 골짜기에서 흘러나와 냇가로 흐르는 물이라면, 스님은 강에서 바다에 다다른 물이다. 그래도 물은 물. 그저 그 뒤를 따라갈 뿐이다. 스님은 '오직 부처'다. 자나 깨나 부처님 뜻만 좇는 불제자다. 나는 '오직 예수'다. 나는 충실한 제자가 못된다. 그래도 한 뿌리에서 나온 사람이요, 같은 물物이다.

그는 성스러운 순례길을 가고 있다. 진리를 필생의 신앙으로 삼아 걷고 있다. 나는 스님을 걱정하지 않는다. 진리의 순례자는 어떤 장애물이 있더라도 진리 안에 확고히 버티고 설 수 있는 힘이 있기 때문이다. 송宋나라 선승禪僧인 차암수정此庵守靜의 시 한 구절이다.

유수하산비유의流水下山非有意요
편운귀동본무심片雲歸洞本無心이라
인생약득여운수人生若得如雲水면
철수개화편계춘鐵樹開化遍界春이리

흐르는 물이 산 아래로 내려감은
무슨 뜻이 있어서가 아니요
한 조각 구름이 마을에 드리움은
본디 무슨 마음이 있어서가 아니라
사람 살아가는 일이
구름과 물 같다면
쇠나무鐵樹에 꽃이 피어
온 누리 가득 봄이리

  진리의 삶, 무위의 삶을 살기만 한다면 쇠로 된 나무에 꽃이 핀다고 했으니, 오히려 있을 수 없는 일이 벌어지리라.

  천일기도를 마치고 40년 승려 생활을 뒤로한 채 길을 떠난 지 4년. 스님은 2만8천여 리를 걸으며 7만2천여 명의 사람을 만났다. 얻어먹고 얻어 자면서 진리를 배우고 익히고 전하며 실현한 이야기를 모아 김택근 선생이 책으로 엮는다고 한다. 고맙고 감사한 일이다. 부디 도법만을 보는 어리석음에 빠지지 않기를 바란다. 거기에는 도법도, 스님도 없다. 그 안에 수많은 사람과 뭇 생명, 무엇보다 그것들을 존재케 하는 진리를 볼 수 있길 빈다.

순례길 깊은 밤, "김 목사, 너무 진지해. 세상 별거 없어요. 그냥 하루하루 사는 거지, 뭐. 신나게 사는 게 최고야." 스님께서 나에게 던진 말씀이다. 함께 길을 걸었던 이들은 스님과 함께 있는 것, 그것으로 좋았다고 한다. 참된 교사는 가르치지 않는다. 다만 그와 함께 있어 스스로 배울 뿐이다. 스님을 생각하면 떠오르는 한 마디가 있다. '누가 능히 탁한 것과 어울리면서 고요함으로써 그것을 천천히 맑게 하겠느냐?孰能濁以靜之徐淸 [老子]

 부디 우리 함께 생명평화의 길에서 만날 수 있기를.

2008년 1월

차 례

| 내가 만난 도법스님 |

생명평화 그리고 사람 _수경 화계사 주지
쇠鐵나무에 꽃이 피리라 _김민해 남녘교회 담임목사

길 위에 서다 21
흐르지 못한 시간들 37
사람의 길은 없었다 49
아침바람 저녁바람 57
새들의 마지막 노래 81
일등 바보들, 가난한 부자들 96
생명의 그물 119
느티나무 울음 137
뒤따라 뒤질세라 덩달아 159
봄날 찰나의 햇살 175
엎드려 학살의 땅에 입 맞추다 192
빗방울 화석이 말했다 207

| 순례기를 마치며 |

처음엔 당당하고 끝은 평화로웠다 228

길 위에 서다

남은 자들이 흐느끼다

2004년 3월 1일 새벽, 지리산에 기대어 있는 고찰 실상사는 고요했다. 천년을 넘게 서 있는 탑들이 아침을 부르고 있었다. 도법은 잠을 설쳤다. 떠남에 익숙했지만 오늘만은 각별하다. 평소보다 일찍 일어나 부처님께 인사를 드렸다. 10년 넘게 말없이 인사를 받아왔던 부처님, 오늘도 그저 빙그레 웃을 뿐이다.

보내는 사람도 복받쳐 올랐다. 도법 없는 실상사는 어딘가 빌 것이다. 신도와 절집 식구들은 보고 싶을 것이다. 주지 자리를 내놓고 길 떠나는 도법. 아무도 어둠 속에 깊이 앉아 있는 침묵을 걷어내지 못했다. 햇살이 조심스럽게 경내로 스며들었다. 산사의 아침은 무겁고 추웠다. 일찍 일어난 새들이 햇살을 날랐다. 햇살은 느릿느릿 퍼졌다. 불쑥 도법이 수경과 함께 나타났다. 휘적휘적 산문을 나섰다. 실상사 스님들이 뒤따랐다. 보살 몇몇은 멀리서 눈물을 훔쳤다.

도법에게 스님 하나가 두 손을 모은다.
"언제 돌아오시겠습니까? 인사 한마디는 남기시지요."
도법이 걸음을 멈췄다.
"글쎄, 떠나고 돌아옴이 어떤 것인지…… 돌아보니 12년을 살았습니다. 부처님도, 식구들도, 마당의 탑도, 기와와 나무도 다 정들었습니다. 다시 왔을 때 서운하지 않았으면 좋겠는데……. 절 잘 지키십시오."
수경스님은 묵묵히 듣고만 있다. 원불교 이선종 교무가 도법의 손을 잡았다.
"생명평화의 길을 못 찾으면 어쩌시려고……."
"젠장, 그럼 죽어야지."
도법이 껄껄 웃는다. 수경스님은 여전히 말이 없다. 이윽고 두 스님이 큰 길로 나섰다. 언제 멈출지, 가다가 병들지, 정말 길 위에서 죽을지도 몰랐다. 떠나는 사람들은 당당했지만, 그 뒷모습은 안쓰러웠다. 산사의 바람이 남은 자들의 눈을 찔렀다. 손을 모으고 있던 젊은 스님 하나가 눈물을 찍어냈다. 아무도 입을 열지 않았다. 실상사의 아침은 그렇게 허허로웠다.

오전 10시, 지리산 노고단에서 생명평화 탁발순례를 시작하는 기도를 올렸다. 100명이 좀 넘게 모였다. 이병철 생명평화결사 운영위원장이 하늘에 고했다.
"하늘의 질서 아래 지구의 모든 생명이 함께 사는 길을 우리는 찾고 있습니다. 된다, 안 된다를 떠나 우리의 길이 옳은가, 아닌가를 생각하면서 한 걸음 한 걸음 걷고자 합니다."
이어서 수경스님의 독송이 지리산의 할미, 노고단에 퍼져나갔다.
"소유의 논리, 독점의 논리, 힘의 논리, 공격의 논리, 승리의 논리로 살아온 왜곡된 자기 사랑의 삶을 뼈아프게 참회합니다."
원불교 이선종 교무에게 '보내는 말'을 해달라고 하자 대뜸 흐느꼈다.
"저는 어젯밤 한숨도 못 잤습니다. 자꾸 눈물이 났습니다. 이것이 저만의 아픔은 아니겠지요. 생각과 꿈이 같은 사람들이 그렇듯 일했는데도 길은 보이지 않습니다. 저분들이 또 길을 떠난다니…… 떠나지 않으면 안 됩니까? 왜 또 떠나십니까?"
여기저기서 흐느꼈다. 그러자 도법이 나섰다.

마음이 우주이고 시작이 끝이니, 우리는 마음 바쳐 걷습니다.
세상을 살피고, 길에서 길을 묻다 보면 하늘에 닿을 것입니다.

"웃읍시다, 웃어요. 웃어야 웃는 세상이 옵니다. 소풍 가는 기분으로 나섰는데 자꾸 이러니 점점 무거워집니다. 세상을 의미 있게 살고자 하는 사람들의 힘이 모이고 있습니다. 가는 길은 편하고 기쁠 것입니다. 밥도 주고, 돈도 주고, 평화를 가꿀 수 있는 땅도 좀 주십시오. 우리 웃으며 길에서 만납시다."

무리는 기도회를 마치고 노고단을 내려왔다. 문규현 신부가 기다리고 있었다. 문 신부는 예전에 수경스님과 새만금 갯벌을 살려보겠다고 새만금에서 서울까지 삼보일배를 함께했다. 수경스님을 껴안더니 몇 마디 보탰다. 걱정과 투정이 섞여 있다.

"우리가 가는 길이 왜 이리 고단한지 모르겠네. 몸도 성찮은데 집을 나가다니, 그런데 왜 나만 빼놓고 가는 것인가."

수경스님이 맞받아 핀잔을 준다.

"당신 만나면 고달프니 그렇지. 당신 만나서 좋은 일 하나 없었어."

스님과 신부는 얼싸안고 한참 동안 서로를 바라봤다. 주변 사람들은 그 모습을 바로 쳐다볼 수 없다. 눈을 먼 산으로 돌렸다. 지리산에는 아직 잔설이 남아 있었다.

성삼재에서 주먹밥을 먹고 순례단은 구례 쪽으로 길을 잡았다. 여기서도 남는 사람과 떠나는 사람으로 갈렸다. 남은 사람들은 손을 흔들었다. 이렇게 도법과 그의 무리는 길을 떠났다. 모든 생명에 평화가 깃들기를 염원하며 탁발순례하는 무리, 이름하여 생명평화 탁발순례단. 도법은 주지라는 승가의 벼슬을 내려놓았다. 대신 생명평화 탁발순례단장이라는 속가의 직책을 껴안았다.

순례단은 천은사에 몸을 부렸다. 종고 전 천은사 주지가 요사채로 들어와 큰절을 올렸다.
"수경스님께서는 다리까지 불편하시다 들었는데, 어떻게 걸으시려고 이렇게 나섰습니까?"
얼굴에 근심이 가득하다. 그러자 수경스님이 말했다. 답이며 물음이었다.
"중이 할 게 뭐 있는가?"
곧이어 아침에 떠나온 실상사에서 사람이 왔다.
"오늘 작은학교(실상사 곁에 있는 대안학교) 입학식이 있었습니다. 한데 주지스님이 두 분이 떠나셨다고…… 축사를 하면서 얼마나 슬피 울던지…… 끝내 행사를 마치지 못했지요."
발톱을 깎던 도법은 "저런 저런……." 책을 보던 수경스님은 "울기는 왜 울어?"
그렇게 순례의 첫날 밤이 깊어갔다. 밤새 요사채 뒤에서 숲이 울었다.

내가 누구인지 모릅니다.
존재의 실상에 대한 무지無知.
저 그림자는 내가 세상에 존재함이니,
저 그림자 속의 나는 또 무엇일까요.
그림자는 나를 따라다니는 인연의 뭉치,
벗어나려면 더욱 선명해지는 생존의 뭉치.
그림자가 먼저 걷는 길,
나는 없고 그림자만 밟힙니다. _밀양에서

털신이 바람을 탁발하고 있습니다. 산을 내려오니 제일 먼저 신발이 닳습니다.
우리 욕심도 보이지는 않지만 조금씩 닳아 마침내 없어질 것입니다. _남원에서

길 위에 길이 있을 것이다

도법은 길 위에서 길을 찾기로 했다. 걷기로 했다. 그리고 빌어먹기로 했다. 생명평화 탁발순례. 모든 마을을 찾아가고 모든 산하를 밟기로 했다. 누구는 놀리고, 누구는 돌을 던질 것이다. 욕하면 욕을 먹고, 돌을 던지면 돌을 맞고, 밥을 안 주면 굶기로 했다. 사실 절집에서 부처님을 업고, 부처님을 팔아서 얼마나 호강했는가.

'이제 세상 속으로 들어가 보리라. 지금까지 사람들이 산속의 나를 찾아왔지만 이제 내가 그 사람들을 찾아가 보리라.'

절집에서 바라본 세상은 살기가 가득했다. 한데 어느 날 보니 절집도 별수 없었다. 세상 한가운데서 그저 그렇게 서 있었다. 도대체 저 살기는 무엇이고, 저 자욱한 미움의 안개는 무엇이란 말인가. 도법은 가슴이 답답했다.

그래, 평생을 길에 머물렀던 부처의 흉내를 내보자. 목숨을 발우(밥그릇)에 기탁해보자. 탁발은 끊임없이 빌어먹어 교만과 아집을 없애고, 보시하는 사람에게는 복덕을 길러줄 것이니 이는 나눔이며 소통이 아닌가. 만남이 끊기면 감옥이고, 흐름이 끊기면 죽음이다. 나눔과 소통을 통해 그 무엇인가를 얻어보자. 떠나자. 도법은 생각을 정리했다.

'그 어떤 진리도 구체적인 삶으로 이어지지 않으면 부질없는 관념의 유희에 불과하다. 지금 이 순간을 벗어난 진리는 진리가 아니다. 진리란 지금 여기를 떠나 특별한 곳에 존재하지 않는다. 진리는 언제나 구체적 삶의 현장에 함께 있다.'

 부처님은 어땠는가. 농부들이 물싸움을 한다는 소식을 듣고 현장으로 달려가 다툼을 말렸다. 살인마 앙굴리마라를 찾아가 설득하여 교화했다. 석가족의 멸망을 막으러 전쟁터에 나아가 거친 정복자들을 설득했다. 현장이 곧 도장이었다. 그러나 작금의 한국 불교는 어떤가. 이론과 설법만이 넘쳐나고 있었다. 자꾸 현장을 멀리하고, 현실에서 떨어지려 했다. 부처님은 땅에 머물 때 말씀하셨다.

 "한순간도 고통 받는 중생의 아픔을 잊은 적이 없다."

 절에서 깨친 것이 있다면 다시 물어보리라. 얻은 것이 있다면 돌려주리라. 쌓인 것이 있다면 나눠주리라. 차지한 것이 있다면 비워주리라.

걸은 만큼 가벼워진다

짐승들은 달리고, 새는 날고, 물고기는 헤엄치고, 지렁이는 기고, 인간은 걸었다. 하지만 이제 인간들만이 걷지 않는다. 걷기는 필수가 아니라 선택이 되어버렸다.

 걷는다는 것이 무엇인가. 잘 걷는다는 것이 무엇인가. 그것은 자

걷다 보면 가진 것이 무겁습니다.
짐들을 내려놓아야 합니다.
보따리만 무거운 것이 아닙니다.
내 안의 아픔도, 걱정도 무겁습니다.
모두 덜어내야 합니다.
걸음은 그래서 비움입니다.
도법, 수경스님도
서로 무엇을 비웠느냐고 물었습니다.
그렇게 걸어 다른 세상으로 옮겨갔습니다. _통영에서

신을 온존하게 하는 몸짓이다. 자신을 버려 자신을 돌아봄이다. 걸음에서 자신을 찾는 것이다. 걸음의 시작에서 끝까지 모든 동작을 면밀하게 한순간도 놓치지 않고 따라가 보면 안다. '걸을 때는 걷는 것을 알라'는 가르침이 몸속으로 스며든다. 걸음에 온전히 나를 맡기면 걸음 자체가 인생이요 세상이다. 그렇게 걸음 자체에 나를 맡기면 비로소 자신이 보인다.

걷는 것은 또 다른 비움이다. 어느 한 곳에 머물지 않음이니, 그물에 걸리지 않는 바람과 같다. 걸음은 나를 다른 곳으로 실어가는 것이다. 나를 어느 한 곳에 가둬 놓지 않음이다. 자유다. 또 걷다 보면 가진 것이 짐이 되고, 가진 짐이 무거워진다. 많이 지고 갈 수 없으니 자연 가진 것을 풀어놓아야 한다. 이는 비움도 되고, 나눔도 되고, 베풂도 되고, 또 자유도 되는 것이다.

함께 걸으면 느낌을 나눌 수 있다. 내 생각이 상대에게 흘러 들어간다. 말하지 않아도 말하는 것이다. 말없이도 상대의 생각을 알 수 있다. 불가에서 '도반道伴'이라는 말이 있다. '함께 같은 길을 가는 반려자'로 풀이할 수 있다. '같이 걷는 이'가 '불가의 친구'이니 이는 사뭇 심오하다. 길에 길이 있음이다.

걸으면 무수한 생각이 돋아났다가 사라진다. 사라짐과 나타남,

이를 반복하면 생각이 절로 명료해진다. 누군가에 복수를 하러 가는 길이라면 걸어서 가야 한다. 생각이 생각을 밀어내고 걸어낸다. 걷는 동안 미움과 분노를 덜어낼 수 있다. 차를 타고 달려가면 위험하다. 미움과 분노를 고스란히 실어 나르니 마음이 줄곧 곤두서 있을 것이다. 걷는 자는 평온해지고 탄 자는 여전히 불온하다.

걸음에 모든 것을 맡기고 걷다 보면 어느 순간 내면의 소리가 들려온다. 이른바 양심의 소리다. 양심의 소리는 자기를 선명하게 비춘다. 내 안의 모든 욕망이 불려 나온다. 악취 나고 볼썽사나운 욕심덩어리들. 이윽고 양심의 가책이 느껴진다.

우리는 양심의 소리를 망각하고 살아간다. 우리를 위해, 나만을 위해 주변을 돌아보지 않는다. 양심이 생기면 슬며시 버린다. 그래도 양심이 나타나 마음을 흔들면 세태에 기대거나 세상을 탓한다.

걸음도 그렇다. 내 건강이나 이익만을 위해 걷는다면 내면의 소리가 들리지 않는다. 주위의 풍경이나 사물들이 눈에 들어오지 않는다. 주변을 살피지 못한다. 내 안의 다른 울림, 내 안의 다른 음성(양심의 소리), 그것은 신의 소리다. 양심은 마음속에 있음이 분명하다. 신이 내린 신성神性인 것이다.

도법은 걸으면서 지금까지 지녀왔던 것들을 떨쳐내기로 했다. 나무가 나무로, 숲이 숲으로, 사람이 사람으로 보일 때까지 걷기로

다시 길을 나서는 도법스님.
새 길, 새 사람, 새 풍광을 만날 생각에 아침이 늘 새롭습니다. _의령에서

했다. 돌아보면 젊은 날은 참으로 험했다. 금산사 절밥을 먹을 때 속가의 어머니가 위독하시다는 전갈이 왔다. 도법은 그래도 집으로 가지 않았다. 한 번 출가했으니 속세의 인연을 끊고 부처만 모시기로 마음먹었다. 그런 도법을 스님들이 꾸짖었다.

'그럼 나는 어디에 있음인가? 부처와 어머니 사이에 나는 누구인가?'

도법은 밤새 걸었다. 걷고 또 걸었다. 그 무렵부터 걸음이 도법을 서게 만들었다. 도법은 걷고, 걸음은 도법을 부축했다.

길은 앞서 걸어간 사람, 또 그 앞에 간 사람들이 밟아서 생긴 것이다. 그들은 걸으면서 무슨 생각을 했을까. 그들에게 물어보리라. 길이 어디 있는지, 길 위에서 길을 찾았는지.

흐르지 못한 시간들

산이 기도 속에 들어왔다

지리산, 골은 깊고 품은 넓다. 실상사에 살면서 도법은 새삼 지리산에 서려 있는 아픔과 상처를 느낄 수 있었다. 처음에는 무심했다. 그러나 갈수록 감겨들었다. 산도 아팠을 것이다. 한반도에서 그 품이 가장 넓기에 쫓기는 사람들은 다 그 품 안에 숨었으리라. 그래서 사람들이 지상에 남긴 '마지막 순간'을 산은 기억하고 있을 것이다.

가장 최근에는 6·25전쟁이 있었다. 좌와 우의 대립으로 수많은 생명들이 영문도 모르고 죽어야 했다. 정의, 진리, 이념, 진실 이런 것들은 허상이었고 주검은 실상이었다. 실로 6·25전쟁은 야만의 시간이었다. 시체가 산을 이루고 골짜기를 메웠다. 산은 거대한 무덤이었다.

그래도 어머니 산은 사계절을 불러오고 잎을 틔우고 꽃을 피워냈다. 철쭉이 피어나는 늦봄에 수십 만 명이 찾아오지만 그 길과 둔덕과 평원이 바로 무덤이었다. 도법은 심란했다. 인간이 시간을 쪼개서 '새 천년'이란 것을 만들고, 모두 그 속으로 들어왔지만 변한 것은 없었다. 물론 변하리라는 기대는 하지 않았다. 시간은 주어지는 것일 뿐, 시간이 세상을 변화시킬 수는 없기 때문이다.

산을 바라보는 시간이 길어지고 기도 속에도 산이 들어왔다. 마침내 산의 울음소리를 들었다. 그것은 사람들의 울음이었다. 죄 없는 죽음과 버려진 주검. 저렇듯 산만큼 커다란 원한을 방치하고도 우리는 태연할 수 있는가. 평화라는 말을 입에 올릴 수 있는가. 하늘을 제대로 쳐다볼 수 있는가. 종교에서 구원이란 도대체 무엇인가. 저 죽은 자들은 어디에 머물고 있는가. 지리산을 바로 볼 수 없었다. 산은 울고 있는데 또 노을은 날마다 슬픈데, 사람들만 웃고 있었다.

도법은 이 땅의 죽음을 껴안기로 했다. 지리산 자락에, 봉우리에, 골짜기에 버려져 있는 원혼들을 보듬기로 했다. 해원상생을 비

이름 모를 무덤에 기대어 낮잠을 자는 순례자.
죽은 자의 사연도 세월에 깎이고 닳아서 무덤처럼 둥글어졌을까요?
아마도 산자의 맑은 생각이 무덤 속으로 흘러들어
죽은 자의 오후가 평화로울 것입니다. _하동에서

순례자들이 손을 맞잡았습니다.
베풂도, 살인도, 사랑도, 증오도, 혁명도 모두 손에서 완성됩니다.
시작이 머리라면 그 끝은 손입니다.
손은 맞잡고 흔들기 좋게 생겼습니다.
분노가 뭉치면 주먹을 쥐게 됩니다.
반가운 사람을 향해 손을 흔들 때는 손바닥이 보입니다.
하지만 구호를 외칠 때는 주먹을 내지릅니다.
손을 펴면 마음도 펴집니다.
손바닥 안에 자비와 평화가 깃들어 있습니다.
손을 잡으면 미움이 녹아내립니다. _제주에서

는 천도재를 올렸다. 2001년 1월 16일, 1,000일 동안의 기도를 시작했다. 하루 5~8시간씩 기도를 올렸다. 산문을 나서지 않았다. 오로지 죽은 자들과 얘기를 나눴다. 그것은 어찌 보면 산 자를 위한 것이었다. 하나는 치유이고, 다른 하나는 화해였다. 죽은 자를 제대로 보내려면 결국 산 사람들이 먼저 맺힌 것들을 풀어내야 했다. 그래야 죽은 사람들의 원혼도 풀린다. '땅에서 넘어진 자는 그 땅에서 일어서라'는 가르침이 있지 않은가.

좌와 우란 무엇인가. 남과 북이란 또 무엇인가. 아무것도 아닌 것들이 수많은 목숨을 앗아갔다. 도법의 기도 속에 수많은 것들이 나타났다. 지금 인간은 또 얼마나 뭇 생명들을 죽이고 있는가. 우리가 지나온 저 20세기는 자세히 들여다보면 거대한 무덤이었다. 문명을 자랑하며 이성을 닦았지만 인류는 많은 것들을 죽였다. 그 주검 위에 인간이 서 있었다. 생명이 생명을 죽이는 야만의 시대, 하지만 인간들은 속죄하지 않았다.

역사는 평화를 외쳤다. 전쟁도, 투쟁도, 정책도, 종교도 평화를 위해 존재했다. 세상의 모든 명분은 평화였는데 왜 세상은 그 반대일까. 평화를 위해서 그 많은 일들을 했는데 세상은 여전히 미움이 지배하고 있다.

부처님 살아계실 때의 인도는 어땠는가. 그때도 너나없이 쾌락을 좇고, 전쟁을 일으키고, 다른 사람을 깔보고, 목숨을 함부로 빼앗았다. 이를 말려야 할 종교지도자들은 지위를 이용하여 부와 쾌락을 탐하였다. 사람들은 더 많이 빼앗고, 더 많이 갖는 것을 행복이라고 생각했다. 부처님은 이런 것들을 뒤집었다.

지금 우리도 부처님이 땅 위에 계실 때와 똑같다. 미움과 증오의 살기가 자욱하다. 개인과 개인, 마을과 마을, 종교와 종교, 종족과 종족, 나라와 나라가 나뉘어 싸우고 있다. 아직도 탐욕이 역사로 이어지고 있다.

힘과 힘의 엉킴

2003년, 9·11테러가 발생했다. 자살 테러에 미국 심장부가 폭발했다. 부를 뽐내던 세계무역센터가 붕괴됐고, 힘의 상징인 펜타곤이 화염에 휩싸였다. 그러자 미국은 세계를 문명 세계와 테러세력으로 양분하여 미움과 증오를 재생산했다. 테러범들의 은신처라며 아프가니스탄을 불바다로 만들었다. 이어서 거침없이 이라크를 침공했다.

도법은 큰 충격을 받았다. 문명이란 대체 무엇인가. 인간들은 무엇을 갈고 닦았단 말인가. 평화는 어디서 구해야 한단 말인가. 그

한국전쟁 초기에 미군 항공기의 폭격과 기총소사로
양민들이 무참히 살해된 '노근리 양민 학살' 현장.
아직도 총탄자국이 선명했습니다.
전쟁 속에는 천사가 없습니다.
악마의 발톱만이 존재한다는 것을 일러주고 있습니다.
전쟁 속에는 영원한 우리 편은 없습니다.
바라볼수록 아팠습니다. _영동에서

음식과 마음을 얻고 집주인에게 생명평화의 등을 드렸습니다. '세상의 평화를 원한다면 내가 먼저 평화가 되자.' 저 등불은 미움을 녹여 생명평화의 새 빛이 될 것입니다. _남원에서

해 가을과 겨울 지구촌에 살고 있는 인류는 대혼란에 빠졌다. 인류를 붙들어주고 평강을 줄 수 있는 것은 없었다. 그 누구도 힘의 논리를 걷어낼 수 없었다. 힘들이 불끈 솟아 다른 힘과 엉켰다. 인류는 이렇게 허약했다.

도법은 계속 서성거렸다. 잠을 이루지 못했다. 이 전쟁으로 사람은 얼마나 죽어갈 것이며 그 안에 생명붙이들은 또 얼마나 죽어갈 것인가. 생명, 생명, 생명……. 부처님이 살아계셨더라면 어떻게 할 것인가.

도법은 마침내 생명평화결사를 결성하기로 했다. 수경, 김지하, 이선종, 박성준, 이병철, 이학영, 양재성, 수지행……. 이 사람들과 지리산에서 새 세상을 꿈꾸었다.

"이대로 가면 세상은 종말이다. 시간이 없다."

모임은 진지했다. 마침내 '지리산 생명평화결사'를 결성했다. 그것은 생명을 위한 옛길이었다. 결사대원들은 지속 가능한 사회를 위한 대안 마련에 힘을 합치기로 했다. 다른 말로 내 생명의 실상에 근거한 세계관과 철학으로 나의 삶을 혁명하고, 생명평화의 한반도, 희망의 지구촌을 만들자는 것이었다. 기치도 내걸었다.

'세상의 평화를 원한다면 내가 먼저 평화가 되자.'

비폭력 생명평화운동 동지를 '등불'이라 칭하기로 했다. 목표는

10만 등불을 얻는 것이었다. 10만 명은 율곡 선생의 10만 양병론에서 착안했다. 10만 명의 등불이 활동하면 반생명·비인간화의 파멸적인 20세기 문명사를 넘어 생명평화 대안문명의 21세기를 만들어갈 수 있을 것이다. 한반도의 전쟁을 막아냄은 물론 생명평화의 한반도를 가꾸어낼 수 있을 터이다. 10만 명이 인간 띠로 휴전선을 끌어안으면 전쟁의 기운은 분명 사라질 것이다. 조선시대에는 전쟁에서 이기기 위해 10만 명이 필요했지만, 지금은 전쟁을 넘어 한반도의 생명평화를 위해 10만 명이 필요했다.

전쟁으로는 결코 평화를 얻지 못한다. 힘에 의한 무력의 균형을 평화로 여김은 착시이다. 무력은 또 다른 무력을 부를 뿐이다. 미국이 짓밟은 아프가니스탄과 이라크는 아직도 피를 흘리고 있다. 힘은 언젠가는 소멸할 것이니, 힘으로 호령한 자는 힘에 무릎을 꿇는다.

내가 평화로우면 이웃이 안심하고, 이웃이 너그러우면 나라가 평온할 것이며, 나라가 정의로우면 이웃나라가 손을 내밀 것이다. 그러나 도법은 알 수 없었다. 진정한 생명평화가 무엇인지, 생명평화를 위한 힘은 어디서 구할 것인지, 등불들은 과연 얼마나 모일 것인지.

길에서 묻기로 했다. 만나는 모든 사람과 사물들이 부처일 것이니, 그래서 걷고 또 걸으며 만나고 또 만나기로 했다. 더러운 물도 모여 있으면 세상을 쓸어버릴 수 있다. 하지만 아무리 맑은 물이라도 조롱박에 담겨 있으면 무력하다. 곳곳에 흩어져 있는 맑은 물방울이 모여 힘찬 흐름이 되었을 때 비로소 맑은 기운이 다시 곳곳으로 스며들 것이다.

우리 삶을 근본적으로 바꿔야 할 그 무엇을 찾아야 했다. 그것은 산에 있지 않았다. 낮은 곳, 삶의 현장에 있었다. 부처님도 끊임없이 순례하며 현장의 대중과 만나고 대화했다. 탁발순례는 언제 끝날지 몰랐다. 돈, 밥, 땅도 얻겠지만 궁극적으로는 마음을 얻어야 한다. 마음들을 움직여, 그 마음들이 밝힌 평화의 등이 세상을 새롭게 비출 것이다.

사람의 길은 없었다

불안과 공포만 남은 길

차들이 달려가고 있었다. 그 안의 사람들도 달려가고 있었다. 멈추면 큰일이라도 날 것처럼 달려만 가고 있었다. 길은 산을 뭉개고 숲을 관통하고 마을을 동강내 버렸다. 온통 길뿐인데 사람의 길은 없었다. 직선의 길은 거침이 없었다. 작은 길은 넓히고, 길이 없으면 새로 닦아 기어이 집집마다 차를 끌고 갔다.

길에서 길손이 사라져 버렸다. 길 위의 설렘과 애틋함도 사라져 버렸다. 얼마 전까지만 해도 길 위에는 사람의 말이 굴러다녔다. 길손을 위한 주막도 있었고, 국밥집도 있었다. 그러나 이제는 주막도, 주모도 없었다. 건물보다 간판이 더 큰 음식점만 보였다. 달리는 차를 세우려면 크고 요란해야 했다. 어느새부터인가 길 위에서는 사람의 목소리가 사라졌다. 대신 자동차의 굉음만이 굴러다녔다.

　사람들은 차를 타고 그냥 달릴 뿐이다. 사람들은 집에서도, 길에서도 앉아 있다. 길 위의 인간은 얼마나 초라한가. 달리는 기계 속에 갇힌 인간은 얼마나 남루한가. 걸어가면 위험하고, 차를 타야 안전하다. 도법은 순례일지에 이렇게 적었다.

　'길을 장악한 자가 세상의 주인이 된다'는 옛말을 들은 적이 있네. 어떤 사정으로 만들어진 이야기인지 아는 바가 없네. 하지만 옛사람들의 뛰어난 통찰력은 감탄스럽기 그지없네.
　길을 걸어보니 옛사람 말대로 길을 장악한 기계가 세상의 주인으로 등장한 지 이미 오래전이네. 자기도취에 빠진 인간들만 그 사실을 알아차리지 못하고 있네. 사람이 길의 주인인 시절은 벌써 끝이 났네. 만물의 영장이라며 큰 소리 치던 인간들이 자기 꾀에 빠져든 셈이네. 돈, 기계, 자동차 따위를 주인으로 섬겨야 하는 신세가 되었으니 사람다운 품위를 유지하는 것이 불가능하게 되었네. 대다수 사람들이 장밋빛 미래를 이야기하고 있지만, 여러 가지 조짐들은 말세를 떠올리지 않을 수 없는 현실이네.

옛길을 걷는 순례단원들의 표정이 사뭇 밝습니다.
바퀴들이 점령한 찻길을 벗어나 사람의 길을 걷다 보면
두 발로 딛는 세상이 신비롭습니다.
사람 냄새도 향긋합니다.
차와 함께 마냥 달리는 사람들은 어디쯤에서 멈출까요.
야성이 그립습니다. _익산에서

도법스님이 길 위에서 죽은 뱀을 살펴보고 있습니다.
새 천년으로 넘어와서도 여전히 느린 뱀은 그만 속도에 치어 죽었습니다.
인간만 빠르게 달려가 무엇을 할까요.
스님은 뱀의 주검에 한참 동안 눈을 맞추었습니다. _무주에서 이런저런 생각을 하며 마침내 우리의 그리움으로 숨쉬고 있는 섬진강변 길에 이르렀네. 굽이굽이 섬진강 물결 따라 흐르는 아름다운 꽃길, 섬진강 길을 걸었네. 마지막 남은 단 하나의 길, 섬진강 꽃길을 걷고 있네. 그런데 불행하게도 아름다움과 그리움의 길은 오간 데 없고 불안과 공포의 길만 있네.

속도에 치여 죽는 생명붙이들

길가에 피어 있는 이름 모를 풀과 꽃들은 저희끼리 무더기로 피어 자동차가 지나갈 때마다 흔들리고 있었다. 그 모습이 깜짝깜짝 놀라 경기하는 아이를 닮았다. 저 풀과 꽃들이 저희끼리 도란도란 이야기 하는 시간은 언제일까. '24시간 사회'로 사람들은 질주하고 있었다. 길도 따라서 쉬지 못한다. 농경사회에서는 땅이 부족하다고 땅을 쳤지만, 현대사회에서는 시간이 부족하다고 아우성이다. 일하고 노는 데 밤과 낮이 없다. 도시는 24시간 불을 환하게 밝혀놓는다.

'24시간 사회'를 만들어 시간을 늘이는 것은 우리가 시간에 쫓기고 있다는 방증이다. 밤에 자지 않고 현대인은 무엇을 하는가. 우리가 밤을 점령하는 것은 '신의 시간'을 침범하는 것이다. 길이 잠들지 못하고, 길가의 그 많은 생명붙이들도 잠들지 못한다. 사람들은 그저 달려갈 뿐이다.

 지난 산업사회에서 빠른 것은 최고의 미덕이었다. 너나없이 달렸다. 그러나 인류가 속도를 낼수록 그 스피드는 모두에게 공포였다. 빠름은 느림을 삼켰다. 산업화가 진행될수록, 인구밀도가 높을수록, 개인주의가 발달한 곳일수록 시간의 흐름이 빨라진다고 한다. 그 빠름이 어디로 우리를 데려가는지도 모르고 달리기만 한다. 길에는 주검들이 많았다. 어떤 날은 하루에 몇 차례나 목격했다. 바퀴에 치어 죽은 것들이다. 무서운 속도에 깔려 죽은 것들이다. 막 피를 흘리는 것부터 말라붙어 먼지로 날리는 것까지. 그래도 아무도 차에서 내려 이들의 죽음을 수습하려 하지 않는다.

 산과 맞닿은 남녘의 국도에 너구리 여러 마리가 함께 죽어 있었다. 가족 모두가 길 위에서 함께 변을 당했다. 아마 어미 너구리가 죽자 새끼들이 그 주위를 서성거렸을 것이고, '바퀴 괴물'이 벼락처럼 덮쳤을 것이다. 아니면 새끼가 먼저 죽자 너구리 가족 모두가 몰려왔는지도 모른다. 어떤 뱀은 아가리를 하늘로 향한 채 죽어 있었다. 그 모양이 사람들을 향해 저주를 퍼붓는 듯했다.

 지렁이, 개구리, 오리, 닭, 오소리, 고양이, 삵, 고라니, 개, 쥐…….

 길을 가로질러 가는 것은 동물들에게는 삶이고 죽음이었다. 사는 것도, 죽는 것도 그들에게는 순간이고 운이었다. 주검 위로 사람을 태운 바퀴들은 무수히 굴러갈 뿐이었다. 생명붙이들은 생명의 영원한 고향인 흙으로 돌아가지 못했다. 아스팔트나 시멘트 위에서 가루가 되고, 끝내 먼지가 되어 흩날렸다. 그러면 저들의 영혼은 어찌될 것인가. 사람들은 그 많은 생명들을 죽이면서도 달려간다. 빨리 가려 아우성이다. 도대체 그리 달려가 사람들은 무엇을 하려 하는가. 도법은 합장을 했다.

'인간들은 저 무서운 속도로 무엇을 삼키려 하는가. 결국 그 속도에 인간들이 빨려 들어가는 것이 아닌가.'

아침바람 저녁바람

돌아보니 혼자였다

종교가 타락하면 맨 먼저 권력이 얕잡아본다. 권력의 손을 타게 된다. 종교가 권력과 우산을 함께 쓰면 부패한 것이다. 1980년 10월 27일, 전두환을 머리로 한 신군부 세력은 법당을 군홧발로 짓밟았다. 이른바 '10·27법난'이다. 명분은 불교계 정화였다. 3,000여 곳의 사찰과 암자에 계엄군이 난입했다. 1,700명이 잡혀갔다.

총무원장이 끌려갔고, 돈을 숨겼나 해서 부처님이 더러운 손들에게 수색을 당했다. 계엄군들은 다짜고짜 승려들을 때렸다. 승려들은 심지어 바지를 내리고 성기를 내보이는 수모까지 당했다. 노승들은 수치심에 눈물을 흘렸다. 부처님을 불렀지만 응답이 없었다. 한국 불교는 숨 한번 제대로 쉬지 못했다. 권력의 눈치만 보았다. 이때 한국 불교가 죽었어야 했다. 그리고 다시 태어나야 했다. 그러나 적당히 타협했다. 도법은 참담했다.

　도법은 중 노릇 제대로 해보자고 도반들을 모았다. 마음들이 모였다. 불법을 바로 세워 불교를 똑바로 세우고 싶었다. 대중결사운 동체로 '선우도량'이 만들어졌다. 순수하고 뜨거운 열정들이 모여서 좌선정진을 하고 부처님 생애를 공부하였다. 그러나 세월이 흐르자 열정은 식고, 도반들은 이런저런 이유로 흩어졌다. 어느 날 둘러보니 혼자 남아 있었다.

　그러다 1993년 군부대에서 훼불사건이 일어나고 조계종단이 연루된 대형 비리사건이 잇달아 터졌다. 1987년 부처님이 그렇게 능멸을 당했음에도 불교계는 깨어나지 않았다. 더욱 권력에 다가갔다. 총무원장은 권력의 나팔수였다. 그래서 구차하게 얻은 종단 권력을 총무원 간부들은 함부로 휘둘렀다. 감투는 닭 벼슬보다 못했지만 그들은 권력에 취해 있었다.

　1994년 종단에 개혁바람이 불었다. 그러나 바람은 방향이 없었다. 아침바람과 저녁바람이 달랐다. 승려들도 이리저리 몰려다녔다. 총무원장을 쫓아냈지만 조계종은 개혁을 이끌 지도자가 없었

대웅전 밖에서 합장을 하고 있는 할머니.
기도하는 모습이 소녀처럼 맑습니다.
모든 힘을 세상에 뿌리고 남은 것은 간절한 염원입니다.
그 염원조차 자신을 위함이 아닐 것입니다.
욕심이나 속기는 한 점도 붙어 있지 않습니다.
저들의 기도로 나라가, 불교가 살아남았습니다.
이제 한국불교가 무릎을 꿇고 기도를 올려야 할 때입니다. _음성에서

고무신과 밀짚모자는 한국불교에서는 무욕의 상징입니다.
순례길도 그렇습니다.
이것저것 챙기면 짐은 한없이 불어납니다.
무얼 먹으면 자꾸 먹고 싶습니다.
포만감은 달리 말하면 허기짐입니다.
조금만 시장해도 무엇이든 삼키려듭니다.
가난해야 없는 자의 고통을 알며,
비워야 그 빈자리에 중생의 아픔을 품을 수 있습니다. _장흥에서

다. 도법은 자의 반 타의 반으로 개혁회의 상임부위원장을 맡게 되었다.

개혁회의는 불교 자주화, 제도 개혁, 인적 청산을 개혁과제로 선정했다. 그러나 권력에 줄을 선 사람들이 다시 개혁회의에 줄줄이 들어왔다. 소리만 높이 질렀지 정작 개혁은 시늉만 냈다. 불교계는 여전히 멀리 보지 못하고 있었다. 도법은 다시 산으로 돌아왔다.

1998년 다시 불교계 전체가 분규에 휘말렸다. 모두 부처님을 입술에 달고 침을 튀겼지만 그 속내는 밥그릇 싸움이었다. 추악했다. '폭력을 통한 종권장악 기도'는 외신을 타고 지구촌에 알려졌다. 종단 내 파벌과 부패, 야합과 폭력 등 온갖 치부를 다 드러냈다. 언젠가는 터질 수밖에 없는 것들이었다. 그것은 불교가 죽을 때 죽지 않았기 때문이었다.

승려가 몽둥이를 휘둘렀다. 불룩 튀어나온 배에 칼자국이 선명한 승려의 사진이 신문에 실렸다. 과연 삭발과 유발의 차이는 무엇인가. 그들은 부처의 어디를 보고 출가했는가. 종단은 다시 도법을 찾았고, 도법은 산속에서 불려 나왔다. 다시 총무원장 대행을 맡았다.

도법은 한시도 마음을 내려놓지 않았다. 앞에서 내치고 뒤에서 다독였다. 그러나 싸움의 끝은 누군가 이기고 지게 되어 있었다. 도법은 아팠지만 내색을 할 수 없었다. 분규의 상처는 서둘러 싸맸고, 파벌 간에 벌어진 틈은 대충 봉했다. 부처님 뵐 면목을 찾았을 때였다. 사태 해결의 주역이 찾아왔다. 개혁을 부르짖던 승려였다.

"일은 잘 마무리된 것 같습니다, 스님. 그러나 아무래도 불안합니다. 언제 또 터질지 모릅니다. 그러니 스님과 우리가 총무원을 접수하면 어떻겠습니까?"

도법은 빙그레 웃었다. 아무 답도 주지 않았다. 그는 다음 날, 서울을 떠나 실상사로 돌아왔다. 개혁을 외치던 그들은 이미 권력이 되어 있었다.

지금도 불교계는 여전히 청정의 그물망을 완성하지 못했다. 감투 쓰기 좋아하고, 대형 고급차를 굴리고, 외국에 나가서 골프를 즐기고, 화투나 카드놀이에 빠지고, 아내와 자식들을 숨겨 부양하고, 돈을 밝히고, 선거철에는 금품이 오가고……. 삭발한 자의 이 같은 만용을 우리 사회는 누구도 응징하지 못하고 있다. 도법은 보고 들어서 알고 있었다. 그래서 이렇게 꾸짖었다.

성스러웠던 승단 본연의 모습은 옛이야기일 뿐이다. 지금 그 어디에서도 인류 구원의 등불인 교단 본래 모습은 찾아보기 어렵다. 출가생활 30여 년 동안 보고 들었던 이야기들을 생각하면 매우 씁쓸하다. 언제부터인지는 모르지만 스님들 사이에는 '삭발염의가 부끄러워 옷을 벗고 싶을 때가 한두 번이 아니었다' 는 말들이 자주 오고 간다. 승단의 구성원이라는 것이 마치 몹쓸 짓을 하는 집단의 일원처럼 느껴져 교단을 떠나고 싶을 때가 있다고 한다.

재가불자들도 불교인이라는 것이 창피하여 스스로 불교인임을 드러내지 않는다고 한다. 승단의 일원으로서, 불교인으로서 자신감과 긍지를 갖지 못하고 있다. 오히려 열등감과 피해의식을 심어주는 것이 오늘날 승단의 모습이다. 이런 분위기는 교단 내부의 스님과 불교인들에게만 있는 것이 아니다. 많은 역사대중들도 불교교단을 불신과 경멸의 눈으로 바라보고 있음을 체감케 하고 있다.

불교를 상징하는 절이란 산수 수려하고, 역사 유물들이 많아 구경하고 놀기 좋은 곳 정도로 생각한다. 또는 죽은 자를 위해 염불하고 제사 지내며 복을 비는 곳이라고 믿는다. 역사대중의 고뇌와 문제들을 근원적으로 해결하기 위해 열정을 바쳐 활동하는 곳이라고 생각하는 사람은 거의 없다. 인류를 구원하기 위한, 고매한 사상과 정신을 실천하는 자들이 모인 불교교단이라고 여기는 사람은 그리 많지 않다.

이처럼 모순과 타락현상들이 심화되고 있는 교단현실과 그에 반응한 대중의 불신과 경멸을 직접 겪는 수행자와 불교인들의 심정은 비참하기 그지없다._『부처를 만나면 부처를 죽여라』 중에서

800년 전 지눌선사도 길을 떠났다

약 800년 전, 지눌(1158~1210)이란 스님이 잠시 이 땅에 머물렀다. 그러나 스님은 많은 것을 남겼다. 지눌은 무신정권이 들어서는 것을 지켜봤다. 무인들은 칼로 모든 것을 만들어냈다. 800명이 넘는 승려가 집권세력인 최씨 일파에 도륙당했다. 그들은 산 위의 소나무까지 피로 물들였다.

그럴수록 무력한 왕실은 국교인 불교에 의존했고, 사찰은 크고 작은 의례들을 치르며 부를 축적했다. 속세에서는 민란이 끊이지 않았다. 칼은 칼을 불렀다. 피 냄새를 맡은 까마귀 떼가 하늘을 뒤덮었다. 하지만 사찰에는 기름이 흘렀다. 몸과 마음에 살이 찐 승려들은 뒤뚱거렸다. 권력은 그들을 시녀로 삼았다. 계율은 예사로 어겼다. 찾아온 객들과는 게걸스럽게 먹고 마시고 취했다.

절간은 시정보다 시끄러웠고 더러운 냄새가 풍겼다. 왕실과 권력을 지닌 자들의 안녕과 복을 빌어주었지만, 백성들의 눈물은 외면했다. 승려들은 노비들을 거느렸다. 사람을 부림이 귀족과 다름없었다. 그러니 백성들이 보일 리 없었다. 배가 나왔으니 절을 할 수 없었을 것이다.

이름 없었던 지눌이 일어섰다. 대뜸 살찐 사찰을 꾸짖었다. 백성들은 합장을 했지만, 왕실과 귀족들은 놀랐다. 그리고 그를 주시했

사찰 요사채에 누군가 막대기 빗장을 질러놨습니다.
아무것도 가져갈 것 없는 요사채의 방문에 막대기 빗장을 지른 것은
아무도 들어가지 말라는 뜻은 아닐 것입니다.
머물다 다른 곳으로 옮겨갔으니 아무나 들어와 기거하라는 뜻일 것입니다.
주인 없음의 표시일 것입니다.
닫혀 있음이 곧 열려 있는 것입니다. _밀양에서

다. 지눌은 정혜결사定慧結社를 제안하고 동지들을 모았다. 불법을 세워 불교를 바로세울 것을 역설했다. 명리에서 정혜의 추구로, 세간적인 공덕신앙에서 출세간적인 해탈 지향으로, 기복 불교로부터 수행 불교로 옮겨가야 한다고 외쳤다.

'귀족 불교에서 서민 불교로 거듭나라.'

지눌은 우선 도반들에게 글을 띄워 그 뜻을 알렸다. 하지만 몇 명만이 답을 주었고, 나머지는 이런저런 핑계를 댔다. 현실은 아늑했기에 좁고 거친 길로 나서기를 꺼렸다. 지눌은 전 불교계를 상대로 공개적인 초청장을 띄웠다. 그것은 고려 불교를 깨우는 거대한 죽비였다. 한국 불교계가 영원히 기려야 하는 문서였다. 고발장이자 초대장이며, 항의이자 설득이었다.

"나고 죽음이 무상하다. 생명은 세상에 잠깐 머물다 가는 것이니 부싯돌의 불, 바람 앞의 등불, 흐르는 물, 지는 해와 다름 아니다. 세월은 늙음을 재촉한다. 마음을 닦지 못했는데 죽음이 오고 있다. 돌아보면 현명한 사람과 어리석은 사람이 뒤섞여 함께 있었는데, 오늘 아침 헤아려 보니 아홉은 죽고 하나 정도 살아 있다. 남아 있는 자들도 차례로 사라질 것이다. 남은 세월이 한 줌 햇살인데 탐욕, 분노, 질투, 교만, 방일로 세월을 허비하고 부질없는 말로 세상을 흔들고 있다. 덕도 없으면서 신도들 보시를 받고, 공양을 받으면서도 부끄러움을 모른다. 그 허물을 덮어 두고 어찌 슬퍼만 할 것인가.

엎드려 바란다. 선과 교, 유가와 도가를 막론하고 뜻이 높은 사람은 세속을 벗어나자. 티끌세상을 벗어나 수행의 길에 정진하고자 하는 사람은 나서라. 비록 인연이 없을지라도 이 결사문 뒤에 서명하라.″

지눌선사의 결사문은 당시 지식사회와 종교계에 커다란 반향을 일으켰다. 세상과 타협한 대가로 욕심을 채웠던 승려들은 모여서 수군거렸다.

'지눌이 불법으로 우리를 찌르는구나.'

지눌은 길을 떠났다. 대중 속으로 들어갔다. 수도 개경을 떠나 지방을 돌아다녔다. 그의 명성은 드높았다. 왕실과 귀족들의 설득에도 개경에 다시 돌아가지 않았다. 먼 훗날 한국 불교 조계종은 지눌선사를 중흥 교조로 받들었다.

도법은 새삼 지눌의 삶을 돌아봤다. 선사는 문제를 회피하지 않았다. 정면으로 부딪쳤다. 정혜결사를 만들어 동지를 구하고 수행을 강조했다. 지금 이 땅은 어떠한가. 시공을 떠나 지금도 고려시

오늘에 안주하면 오늘을 지켜내지 못합니다. 머물지 않음이 결국 한자리에 머무는 것입니다.
날마다 마음을 닦지 않으면 그 자리에 탐욕, 분노, 어리석음이 자라납니다. _밀양에서

대의 무신정권에 다름 아니다. 국경을 지우고 보면 인류는 미국의 무력통치시대에 놓여 있는 것이다. 도법은 흔들릴 때마다 800년 전의 길 위에 서 본다. 지눌과 함께 걷는다. 지눌이 불려나와 아스팔트 길을 걷고, 도법은 이슬을 맞으며 고려의 길을 걷고 있다.

신비를 조장 말라

불교에 경經이 그리도 많은 것은 대화를 중시했기 때문이다. 불자들은 끊임없이 묻고 답했다. 그런데 작금의 한국 불교에서는 대화가 사라졌다. 대화가 없으면 독단이 자란다. 권위의 서슬이 퍼져 나간다.

돈오점수頓悟漸修(깨친 뒤에도 계속 수행과 정진이 필요함)와 돈오돈수頓悟頓修(한 번 깨치면 미혹과 미망에서 벗어나 더 이상 닦을 필요가 없음) 논쟁만을 봐도 알 수 있다. 지눌선사의 선사상은 한국 불교의 수행전통으로 자리 잡았다. 그런데 어느 날 성철스님이 돈오돈수를 내세워 그 전통을 부정하고 나섰다. 불교계는 아무도 그에 맞서지 않았다. 그냥 따라갈 뿐이었다. 보조지눌의 사상을 부정하는 것은 한국 불교 1,000년의 사상적 전통을 뿌리째 흔드는 일이었다. 그럼에도 치열한 따짐이 없이 흘러갔다. 한국 불교 현실이 얼마나 사상적으로 혼란스럽고, 지성적으로는 빈곤한가를 보여주었다. 부끄럽고 부끄러운 일이었다.

돈오점수는 지눌선사 선사상의 한 부분에 지나지 않는다. 그럼에도 불구하고 마치 돈오섬수가 지눌 선사상의 전부인 것처럼 다뤄지는 것은 온당치 않다. 그리고 돈오점수와 돈오돈수의 논쟁은 옳고 그름으로 논쟁할 성질의 것이 아니다. 굳이 차이를 논한다면 돈오점수는 수행의 과정과 깨달음을 전체적으로 이야기했고, 돈오돈수는 과정을 논하지 않고 깨달음 자체만을 이야기하고 있다. 이 문제는 그 내용을 제대로 알고 제대로 실천하느냐의 문제이지 옳고 그름의 관점에서 어느 하나를 선택하고 버릴 일이 아니다.

붙박이별은 계속 움직여야 그 자리에 있을 수 있다. 지구가 자전과 공전을 하는데 별이 그대로 있으면 우리 눈에 벗어나 보이지 않을 것이다. 무엇인가 나의 눈에 붙박여 있다면 그것은 나와 똑같이 움직이고 있는 것이다. 움직이지 않고 붙박여 있을 수는 없다. 우리네 사랑도 나랑 같이 움직여야 변치 않는 것이다. 머물면, 고여있으면 바래고, 잊혀짐이다.

깨달음도 마찬가지일 것이다. 나를 변화시키려면 오늘에 안주해서는 안 된다. 변해야 한다. 한자리에 머물지 않음이 한자리에 머무는 것이다. 나랑 똑같이 움직이는 것이 나에게 붙박이가 되는 것이다. 적당히 안주하려는 순간 모든 것은 물거품이 되고 만다. 탐욕, 분노, 어리석음을 다스리지 못하면서 견성見性했노라고 호기를 부림은 만용에 불과하다. 내용도 없이 깨쳤다고 함부로 말하고 행동하는 것은 구도의 길이 아니다.

　1,000년을 이어온 선불교의 전통이 함부로 취급당하는데도 묻고 답하지 않음은 한국 불교의 수치이다. 그것은 불교계가 치열한 성찰을 하지 않음이다. 토론하고 대화하지 않음이다. 머물러 고여 있음이다. 실로 두려운 일이다. 한국 불교의 미래에 드리워진 짙은 먹구름이다.

　길가에 산수유가 노랗게 웃는 날이었다. 구례군 산동면으로 가는 2차선 도로에는 바람이 어지럽게 불었다. 수경스님에게 물었다.

　"스님은 현실에 발을 너무 깊숙이 담가서 선승의 이미지가 구겨진 것 아닙니까?"

　그러자 앞서 가던 도법이 대신 대답했다.

　"아닙니다. 수경은 이제 허상을 깨고 나온 것이지요. 선이란 실천입니다. 소위 한국 사찰에서 총림이란 게 무엇입니까? 무얼 했나요? 신비주의나 부추겼을 뿐이지요. 큰 절이 곧 부요, 명예요, 권력이 되어버렸습니다. 일생 검정고무신만 신음이 위대한 것은 아니지요. 고무신 신고 무얼 했느냐가 중요한 것입니다. 그런데 사

길의 끝은 어디일까요.
길 떠난 많은 사람들
어디서 멈추었을까요.
우리는 걷습니다.
걸을수록 작아집니다.
언젠가는 그 작음이 씨앗이 될 것입니다.
생명평화의 씨앗. _남원에서

람들은 고무신만 보는 것입니다. 선승, 선승 하지만 자랑할 게 아니지요. 이제 이 시대 선승은 무엇이어야 하는지 진지하게 물을 때가 됐어요. 수경의 길이 진정한 선승의 길이에요."

그러자 수경스님이 소리친다.

"어이 도법이, 해찰 말고 똑바로 걸어."

따지고 보면 사람들은 불가와 스님에게서 끝없이 신비와 기적을 찾는다. 스님의 다비식장에서는 생전의 행적을 더듬기보다는 재 속을 뒤적거려 사리를 찾는다. 언론은 개수까지 헤아린다. 사리의 많고 적음으로 수행의 등급을 매기는 현실이다. 어떤 스님은 수마를 쫓아 잠을 자지 않고, 어떤 스님은 평생 눕지 않는다고 한다. 그러나 이런 스님들의 이룸이 우리 사회에 무엇을 깨치게 했는가. 스님의 몸에서 나온 사리가 세상의 무엇을 바꾸었는가.

요즘 불교는 신비주의를 은근히 조장한다. 일반인의 호기심을 자극한다. 과거 선승들의 기행을 부풀려 선전한다. 하지만 불가의 신비주의는 생사의 위기에서 떨고 있는 세상의 풀 한 포기 구하지 못했다.

길에서 사라진 도반

도법과 수경은 도반이다. 20대 초반에 해인사에서 축구를 하다 만났다. 수경은 강원에, 도법은 선방에 있었다. 공을 차다 보니 얼굴은 땀범벅이었고, 햇살은 승려들 머리에서 부서졌다. 공을 쫓아 우르르 몰려다니며 모두 희게 웃었다. 산중에서의 축구는 건강이고 즐거움이었다. 도법과 수경은 공을 잘 찼다. 도법은 국가대표 축구 경기가 있는 날이면 산꼭대기 군 부대 막사까지 올라가 경기하는 장면을 얻어보기도 했다. 절에는 텔레비전이 없었다.

축구장의 인연은 선방으로 이어졌다. 1970년대 말 금산사 심원암에서 함께 용맹정진 했다. 1987년 도법이 금산사 부주지로 있을 때 '선우도량'을 만들었다. 중 노릇 제대로 해보자는 마음들을 모았다. 그리고 지리산 실상사로 옮겨 같은 부처를 모셨다. 얘기해보면 서로의 생각이 같았다. 말을 안 해도 생각을 엿볼 수 있으니 마냥 편했다.

도법은 수경이 부럽다. 수경은 일에 대한 핵심을 파악하는 감각이 탁월했고, 추진력이 대단했다. 수경 또한 도법이 부럽다. 도법은 경전을 정확하게 이해하고, 이론과 실제의 간극을 좁히려 늘 자신을 성찰했다. 그 자세가 비범했다.

어느 날 실상사에 비보가 날아들었다. 지리산에 댐이 생겨 실상사가 물 위에 뜰지도 모른다는 소식이었다. 산중 식구들이 법석을 떨었지만 수경은 모른 체했다. 도대체 태연했다. 댐 이야기만 나오

두 스님은 나무에 기대어 쉬고 있지만
실은 서로의 등에 기대고 있습니다.
가장 가까이에 있지만
때로는 도반이 가장 어렵습니다.
자신이 믿는 것을 확인하려는 구도의 길,
그 길은 다를 수 있기 때문입니다.
그래서 서로 각자의 길을 찾아보자고 함께 길을 나섰습니다.
하지만 진실은 하나일 것입니다.
그 끝은 같을 것입니다.
따로 또 함께,
그것이 진정한 어울림인지도 모릅니다. _구례에서

면 딴전이었다. 하안거 직전에 선방을 가려는 수경을 불러 세웠다. 참았던 말을 쏟아냈다.

"절집 어른인 네가 어디를 간다고 하느냐. 지리산이 잠기는데 선방에서 무엇을 구하려고 하느냐. 네가 생각하는 수행이라는 것이 도대체 무엇이냐. 흙 한 삽에도 무수한 생명이 있고 무수한 세계가 있는데 댐이 생기면 오죽하겠느냐. 생명이 죽어가는데 너는 무엇을 살리려고 가느냐. 좋다, 너는 선방에 가서 편안히 지내라. 너는 가고 나는 여기 남아 죽으련다. 우리는 목숨을 내려놓았으니 네 맘대로 해봐라."

수경은 가던 걸음을 멈췄다. 수경이 선방수좌에서 속칭 운동권으로 변신하는 순간이었다. 수경은 비상대책위원회 위원장을 맡았다. 수경의 일처리는 실로 눈이 부실 정도였다. 범불교계는 물론 시민단체, 지역 여론을 한데 엮어 지리산을 살려냈다.

그 후 수경은 새만금 갯벌, 북한산 지키기에 온몸을 던졌다. 도법은 지리산에서 죽은 영혼들을 위해 1,000일 기도를 드렸고, 수경은 새만금에서 서울까지 삼보일배를 한 후 북한산에서는 불도저를 가로막았다. 삼보일배를 할 때는 너무 고통스러워 아침이 영원히 오지 않기를 바랐다. 무간지옥이 따로 없었다. 끝내 수경의 무릎이 망가지고 말았다. 어렵게 여론을 긁어모았지만, 그 여론만으로는 무지막지한 불도저를 막아내지 못했다. 북한산에도 구멍이 뚫렸다.

수경은 험한 날들을 보내고 다시 실상사로 내려와 부처님 앞에 앉아 있었다. 지난 시간이 꿈만 같았다. 도법도 1,000일 기도를 마쳤다. 도법이 수경을 찾아와 차 한 잔 달라고 했다. 차를 들던 도법이 나직이 말했다.

"기도를 끝냈어도 갈피를 잡을 수 없다. 무력한 나를 어찌할 것인가. 어떻게 살아야 할지 모르겠다."

수경은 도법의 눈물을 보았다. 늘 강하고 당당했던 모습만 보았는데 도법이 울다니…….

'나만 힘든 것이 아니었구나. 도법도 그랬구나.'

그러던 어느 날, 도법이 산을 내려가자고 말했다. 길에서 길을 찾는 '생명평화 탁발순례', 수경이 빙그레 웃었다. 그리고 화답했다.

"너는 너의 길을, 나는 나의 길을 한번 찾아보자."

도법과 수경은 사람을 모았다. 일꾼들이 생겼다. 수지행, 박남준, 이원규, 황인중, 조선희…….

길 위에서 수경이 말했다.

"북한산에서 죽을 뻔했지. 북한산에 묻힐 뻔했다고. 공사현장에서 기도를 하고 있는데 깡패들이 들이닥쳐 목을 조르더라고. 발버둥을 쳤지만 어찌나 힘이 센지 꿈쩍도 안 해. 정말 죽는 줄 알았어."

수경, 도법스님이 어버이날에 카네이션을 달고 즐거워하고 있습니다.
스님에게 자식은 무엇일까요? 스님은 무엇의 어버이일까요? _제주에서

그러자 도법이 말했다.

"그때 수경이 죽었으면 북한산은 살았지."

이렇듯 수경, 도법은 길 위에서 서로의 길이 되어주었다. 곁에 있기만 해도 서로에게 힘이 되어주었다. 하지만 도법은 수경의 아픈 다리가 아무래도 마음에 걸렸다. 하루는 이를 걱정하자 대뜸 핀잔을 주었다.

"휠체어를 타더라도 순례를 마칠 테니 염려 말게. 자네 걱정이나 하라고."

호언을 했지만 하루하루가 힘이 들었다. 평지에서조차 걷기가 어려워 부축을 받아야 했다. 보다 못해 순례단원들이 병원으로 모셔갔다. 당장 수술을 받아야 한다고 했다.

그리고 그해 가을 초입, 홀연 길에서 사라졌다. 더 이상 걸을 수 없었다. 쩔뚝 걸음에 순례단까지 쩔뚝거릴까봐 몰래 다른 길로 들어섰다. 수경이 사라진 길은 쓸쓸했다.

새들의 마지막 노래

생명질서에 대한 무지

마을에 밥 짓는 연기가 피어오르는 아침이나 저녁 무렵의 풍경은 평화롭다. 아침에 피어오르는 연기는 간밤 아무 일이 없었음을 이웃에 알리는 신호 같은 것이었고, 저녁 무렵에 피어오르는 연기는 모든 것을 제자리로 돌아가게 했다. 언덕이나 동구 밖에서 밥 짓는 마을 풍경을 바라보는 것은 나그네에게도 넉넉하고 편안한 느낌을 주었다.

지금 우리네 농촌에는 연기가 피어오르지 않는다. 너나없이 아궁이를 없애버렸다. 그러니 굴뚝은 있으나 쓸 일이 없다. 연기가 피어오르지 않는 굴뚝. 그것은 들어가면 반드시 나왔던 순환의 질서가 무너진 상징이다.

늦가을 남녘에는 어느 마을에 가도 옷을 벗은 감나무가 서 있었다. 감나무마다 감이 주렁주렁 그대로 매달려 있었다. 아무도 감을 따지 않았다. 감나무 밑은 홍시가 떨어져 흡사 나무 그늘만 한 붉은 멍석을 깔아놓은 듯했다. 감을 따서 곶감을 만들려 해도 일손이 모자랐다. 아이들이 없으니 돌팔매질하는 모습도 볼 수가 없었다.

감나무는 인간과 가장 친숙한 나무이다. 가을이 오면 감나무에 주렁주렁 매달린 감들이 온 마을을 붉게 물들였다. 감나무는 할머니의 옛날이야기, 아버지의 호통, 아이들의 울음소리를 들으며 자랐다. 그러니 그 집의 식구 같았다. 어떤 감은 할머니 이야기, 어떤 감은 어머니의 기도, 어떤 감은 아이들의 웃음소리……. 이런 것들을 품고 알알이 익어 매달렸을 것이다. 그러나 아이들이 없고, 어머니도 없고, 곧 세상을 버릴 할머니만 있으니 감마저도 버려져 있다.

순환의 질서가 끊긴 현장은 침묵이 귀신처럼 들어앉아 있다. 귀신이 가장 두려워하는 것은 아이들 울음소리라고 한다. 아이 울음이 끊긴 곳에서는 모든 것들이 성장을 멈춘다. 신명이 사라지고 삭풍이 불어온다. 태어남이 없는 곳에는 이미 죽음이 누워 있다.

감나무는 사람들의 숨소리, 말소리를 들어야 열매를 맺는답니다.
감나무는 사람과 가장 친숙합니다.
어딜 가도 감나무 골이 있었고,
마을마다 감나무 집이 있었습니다.
어느 때부터인지 세상에서 가장 아름다운 나무에 감이 주렁주렁 열렸지만
이를 축복으로 여기지 않습니다.
사람들이 떠나면 감이 열리지 않을지도 모릅니다.
가을 붉은 축제도 멈출지 모릅니다.

농촌만 그런 것이 아니다. 개발은 자연과 인간, 이웃과 이웃, 자연과 자연을 서로 갈라놓고 있다. 무엇이든 구획을 짓고, 이름을 붙인다. 굽은 것은 기어이 펴서 직선으로 만들어야 안심을 하는 인간들. 그 많은 길과 둑은 사실은 단절이고 막힘이다.

육지와 바다가 몸을 섞고, 강과 바다가 껴안고, 마을과 산이 서로 등을 대고 있었다. 계절이 언제 왔다가 언제 가는지 본 사람이 있는가. 계절이 바뀌는 것을 지켜본 사람이 있는가. 계절은 언제 왔다 언제 가는지 모른다. 가장 은밀하게, 가장 평화롭게 서로의 몸을 섞는다. 자연은 이렇듯 서로의 꼬리를 물고 순환의 질서에 따른다. 그러나 인간은 그 순환의 질서를 끊고 있다. 인간만이 순환의 질서를 거부하고 있는 것이다. 도법은 부산 순례길에 낙동강 하구둑을 둘러보았다.

자동차들이 질주하고 있다. 많은 사람들이 자유롭게 왕래한다. 하구둑은 풍요와 편리를 가져다주는 멋진 선물이었다. 개발과 성장의 가치척도로 보면 하구둑은 분명 좋은 선물이 틀림없다. 관점을 바꾸어서 관찰해보자. 21세기 절체절명의 화두는 생명이다. 대자연의 재앙으로 인한 생명의 위기를 해결하기 위해 인류의 지혜와 역량을 모아야 한다는 데 이견이 없다. 21세기

현대사회가 요구하는 생명의 문제의식으로 살펴보면 하구둑은 생명의 흐름을 가로막는 생명 분단의 벽이다. 현실적으로 자연스럽게 흐르지 못하는 강물은 이미 건강한 강물이 아니다.
근원의 강물을 만나지 못하는 바다는 벌써 불구의 바다다. 활동무대인 바다로 나아가지 못하는 어린 고기들의 삶은 절망 그 자체다. 생명의 산실인 고향집으로 돌아가지 못하는 어미고기들의 삶은 죽음과 다를 바가 없다. 하구둑은 물의 흐름을 막음으로써 물의 생명을 병들게 하고 있다. 순환 질서를 단절시킴으로써 고기들의 생명을 위협하는 장애물이 현재의 하구둑이다.
21세기 화두인 생명의 문제의식으로 하구둑에 서 보라. 수많은 생명의 이산가족을 만나게 된다. 잃어버린 자식새끼를 찾지 못해 피울음을 토하는 어미고기들이 있다. 어미를 잃은 새끼고기들이 방황하며 절규하고 있다. 지금 저들의 병듦이 인간들의 병듦으로 다가오고 있다. 현재 저들의 죽음이 바로 지구촌 생명의 죽음으로 진행되고 있다. 생명의 분단벽인 하구둑 앞에서 뭇 생명들이 불안과 공포에 떨고 있다. 그 원인이 어디에 있는 것일까? 근원적으로 짚어보면 우주적 생명의 순환질서에 대한 무지와 인간의 이기적 욕망에 근거한 삶의 방식이 원인이 되고 있음을 볼 수 있다. _도법의 순례일기

몸을 섞는 화해의 공간

도법은 물막이 마무리공사가 한창 진행 중인 새만금 지역을 구석구석 돌아보았다. 2006년 봄, 전북지역 순례를 하기 전이었다. 만경강 둑길을 걷는데 새 떼가 머리 위로 날아올랐다. 흡사 떼 지어 춤을 추는 것 같았다. 그러자 새들의 노래가 하늘에서 쏟아졌다. 물론 노랫말은 해독할 수 없었다. 그렇게 새들이 하늘에서 장관을 연출하고 있는데도 누구도 감탄사를 내뱉지 못했다. 군무를 펼치고 있는 새들 중에는 이곳, 새만금 갯벌에서 마지막 노래를 부르는 녀석들도 섞여 있을 것이기 때문이다.

"지금 뉴질랜드에서 도요새와 물떼새가 날아오고 있을 텐데……." 누군가 독백처럼 얘기했다. 새만금 갯벌은 도요새와 물떼새가 해마다 30만 마리 넘게 찾아왔다. 먼 남쪽나라에서 겨울을 보낸 새들은 이곳으로 날아와 휴식을 취하며 허기진 배를 채운다. 그리고 자신의 몸집을 두 배로 늘려 다시 시베리아 쪽으로 날아간다. 철새들에게 새만금 갯벌은 거대한 휴양지이며 에너지 공급기지인 셈이다.

개펄은 바다와 육지가 민물과 바닷물로 서로의 몸을 섞는 화해의 공간이다. 방조제 물막이 공사는 이런 소통의 공간에 벽을 쌓아 순환의 질서를 끊는 것이다. 순례단이 새만금 갯벌을 찾아갔을 때

스님과 아이가 만경강 둑길을 걷습니다.
새 떼가 날아올랐습니다.
한동안 춤을 추고 노래를 불렀습니다.
새만금 지역에서 마지막 노래를 부르는 새들도 있었습니다.
만경강은 말이 없습니다.
순례단도 그저 바라만 보고 있습니다.
한 달 후 새만금 물막이 공사가 끝났습니다.
그때 그 새들은 어찌되었을까요.
새들의 춤과 노래가 눈에 선합니다. _만경강 둑길에서

솟대와 장승들이 서 있는 갯벌을 두 손 모으고 걸었습니다.
참회의 걸음이었습니다. 갯벌을 살려달라고
서울까지 삼보일배를 했던 문규현 신부도 참여했습니다.
이렇듯 생명평화를 원하는데 왜 생명들은 사라져야 하나요.
모두가 죄인이었습니다. 순례단원 몇은 흐느꼈습니다.
눈시울을 붉히며 바다를 보았습니다.
바다는 물론 말이 없었습니다. _새만금에서

바다는 바다로, 뭍은 뭍으로 돌려세우는 공사가 기운차게 진행되고 있었다. 물막이 공사는 보름쯤 후에 끝났고 사람들은 이를 대역사라고 했다.

 그리고 1년이 지나서 돌아보니 새만금 갯벌은 거대한 무덤이 되어 있었다. 도요새와 물떼새들을 보러 온 외국인들은 먼지가 풀풀 날리는 갯벌의 거대한 주검을 보고 망연자실했다. 정말 지난 몇 십 년 동안 새만금과 같은 철새 도래지의 파괴는 세계적으로 없었다. 우리만 물길을 끊어 억겁 생명을 말라 죽였다. 그러나 그걸로 끝이 아니었다.

 새만금 방조제 공사 이후 수상한 조짐들이 나타났다. 어패류 개체 수가 급격히 줄어드는 것은 예측했지만, 근처 해안의 모래가 줄어들고 갯벌은 자꾸 잘려나갔다. 바닷물의 흐름과 속도가 달라졌다. 심상찮은 일이었다. 서해안 전체의 생태계가 변하고 있다는 증거였다.

 2007년 3월 31일, 부안, 고창, 영광 등 서해안 일대에서 해수 범람 사건이 일어났다. 봄에 바닷물이 넘쳐 배와 집을 삼키다니……. 도무지 이해할 수 없는 재앙이었다. 어떤 자연의 징후도, 어떤 당국의 예고도 없이 어촌을 강타한 바닷물. 기상청도 그 원인을 알 수 없다고 했다. 아무도 그럴듯한 가설을 내놓지 못하고 있다. 하지만 눈 뜨고 귀 열고 있는 사람들은 새만금을 주시하고 있다.

  수천 년 동안 형성된 서해안의 생태계가 삽시간에 변했으니 바다가 몸부림을 치고 있음이다. 서해안은 앞으로도 사납게 뒤척일 것이 분명하다. 우리는 7,000년 동안에 형성된 갯벌을 단 몇 년간의 삽질로 죽였다. 마땅히 주검 크기의 거대한 변화가 있을 것이다.

  새만금 방조제 공사가 그 끝을 향해 치닫고 있던 2005년 연말, 서해안 일대에 폭설이 내렸다. 마을을 지키고 있던 노인들은 생전에 이런 눈은 처음 본다고 했다. 눈은 끝없이 내렸다. 나뭇가지가 부러지고, 집이 무너졌다. 왜 서해안 지방에만 그렇게 집중적으로 내렸을까. 왜 새만금과 인접한 지역에만 쏟아졌을까. 그 눈은 아마도 생명붙이들의 마지막 기도였을 것이다. 새만금 방조제 물막이 공사가 끝나면 죽음을 맞이하게 될 억겁의 생명붙이들이 눈으로 내렸는지도 모른다. 그렇다면 흰 옷을 입고 내린 생명붙이들은 지상을 하얗게 덮고, 인간들을 향한 순백의 의식을 치렀을 것이다. 그것은 절규였을 것이다. 그것은 눈물이었을 것이다. 그들은 과연 인간들을 용서할 것인가.

  갯벌은 육지의 온갖 더러운 것들까지 들이마셔 또 다른 생명으로 피워 올렸다. 거대한 자궁이었다. 바다의 생각과 육지의 꿈이 서로 부둥켜안으면 그 안의 생물들이 노래했다. 그 거대한 벌떡임

바위틈에서 민들레가 꽃을 피웠습니다.
생명은 경이롭습니다.
늦은 봄날을 환히 밝히는 저 민들레는
지난해 어머니 품을 떠나 바람을 타고 떠돌다가
이 바위틈에 떨어졌을 것입니다.
바위틈에서 어쩌다 흘러들어 온 햇살을 들이켜고,
어쩌다 떨어진 빗물을 마시며 생명을 피워 올렸을 것입니다.
마침내 태양을 보며 봄을 노래하고 있습니다.
그래서 노란 생명의 노래는 장엄합니다. _진천에서

은 생명의 교향악이었다. 축복이었다. 우리가 살고 있는 이 지구가 우리 인간만의 것이라는 생각은 얼마나 위험한가. 인간들은 언제 그것을 깨달을 것인가.

지난 20세기는 모든 사물을 분리해서 생각하는 이분법적 사고가 세계를 지배했다. 적이 아니면 동지였다. 우주가 단지 물질들의 집합, 즉 영혼 없는 기계에 지나지 않는다는 생각은 모든 생명체들과 이 생명체들을 품고 있는 지구를 벼랑 끝으로 내몰았다. 과학은 '자연 지배'를 당연한 것으로 받아들였고, '이성적인 인간'이 '미개한 인간'의 무릎을 꿇렸다. 그러나 이제 자연의 움직임이 수상하다. 자연이 인간만을 위해 존재하는 것이 아님은 분명하다. 순종만 하지도 않을 것이다. 우리는 체감하지 못하지만 이미 자연의 보복이 시작되었다.

시간도 순환하고 있다. 과거, 현재, 미래는 경계가 없다. 우리가 가고자 하는 곳은 곰곰 생각하면 미래가 아니다. 우리는 과거로 돌아가고자 한다. 우리 꿈이 과거에 존재했기 때문이다. 미래는 죽음과 맞닿아 있을 수도 있다. 그래서 모든 시간은 현재 속을 흐른다. 미래와 과거가 현재에 속해 있다는 사실, 이 또한 순환이 아닌가.

마하트마 간디가 말했다.

"인도는 영국의 굽에 밟히는 것이 아니라 현대문명에 짓눌리고 있다."

'전 지구적으로 생각하고 지역적으로 행동하라'는 지구를 살리자는 환경 슬로건이다. 간디는 신의 피조물이 모두 살아 있을 권리가 있다고 믿었다. 우리는 미약한 생명체를 죽이는 것에 지식을 쓰고 있다. 그러나 우리가 발견하고 발명한 것은 지구의 생명체와 공존하는 방식을 찾는 데 쓰여야 한다. 인간은 이 지구 안에서 평화를 얻기 위해서는 다른 생명체를 인정해야 한다. 그들의 아픔을 헤아려주고 평화를 찾아주어야 한다.

인간은 고립해서 살 수 없다. 이것을 알아야 한다. 게다가 지구에는 인간에게 도움과 조언을 줄 수 있는 현명한 생명체가 무수히 많다. 삶은 영원히 지속되어야 하고 우리는 이들과 함께 가야 한다.

요즘 '지속 가능한 삶'이라는 말이 많이 쓰인다. 지속 가능한 삶은 생명평화 속에 있다. 생명평화는 인간이 아닌, 작고 보잘 것 없어 보이는 생명체의 가치를 이해하는 것이다. 모든 것은 존재의 실상을 사실대로 인식하는 마음에서 비롯된다. 인간이 정신 차리지 않으면 모든 생명체는 절멸하게 될 것이다. 순환의 고리에서 이탈하게 될 것이다. 순환의 질서가 무너지면 모두가 절멸의 길로 들어선다. 이 지구에서 인간이 차지한 마지막 시간은 '흐르는 시간'만이 알리라.

일등 바보들, 가난한 부자들

죽음이 예고된 자연과의 전쟁

현대인들은 계절대로 살지 않는다. 여름에는 겨울인양, 겨울에는 여름인양 살아간다. 아파트라는 공간은 오로지 인간만을 위한 공간이다. 냉·난방 장치를 작동시켜 계절을 내쫓는다. 여름은 시원하고, 겨울에는 따뜻하다. 인류가 출현한 이후 사람들은 겨울에는 추위를, 여름에는 더위를 먹고 살아왔다. 그러나 도시인들은 이를 거부하고 있다.

도무지 자연과 상대와 이웃에 대한 배려가 없다. 생명붙이들과 고통을 나눌 줄 모른다. 에어컨은 안에 있는 나와 우리에게는 고마운 기계일지 모르지만 밖에 있는 너와 이웃, 풀, 나무, 동물들에게

열을 뿜는 괴물이다. 사무실도, 차 안도, 집 안도 모두 열을 밖으로 뿜는다. 바깥 것들은 아무래도 좋다. 나와 우리만 좋으면 그만이다. 그 뜨거운 열기로 밖에 있는 것들은 숨을 헐떡이지만, 안에 있는 사람은 늘어져서 잠을 자고 있다.

빌딩이면 빌딩만 한, 집이면 집만 한 열기를 내뿜는다. 결국 도시만 한 열섬이 생겨난다. 자연바람은 그런 것들을 비집고 도시로 들어설 수가 없다. 결국 도시의 여름은 인간의 체온보다 더 뜨거울 때가 많다. 인간의 체온보다 뜨거운 도시에서는 서로 포옹을 할 수가 없다. 아무것도 자랄 수 없다.

도시인들은 영악해지는 만큼 점점 나약해지고 있다. 참을성이 현저하게 떨어진 인간들은 점점 거칠어지는 자연 때문에 보조기구 없이는 살아가기 힘들어졌다. 그래서 자꾸 편한 것들을 만들어낸다. 뜨거워진 지구에서 살아가려면 더 강력한 보조장치를 만들어내야 한다. 그것은 자연과의 싸움이다. 그 싸움에서 당장은 이길지 모르지만 언젠가는 거대한 재앙으로 돌아올 것이다. 사람들도 그것을 안다. 그래도 미래는 생각하지 않는다. 아니 애써 외면해 버린다. 결과적으로 후손들을 배려하지 않는 셈이다. 이미 '패배와 죽음이 예고된 전쟁'임을 알면서 현실에, 순간에 탐닉할 뿐이다.

도시인들은 쾌적한 여름밤을 위해 인위적으로 더위를 쫓았지만,

도법스님은 순례 중에 자연의 소리를 채록합니다. 그러나 그것들은 곧잘 비명으로 바뀝니다.
스님의 순례기는 그래서 아픕니다. _홍천에서

그 더위들이 뭉쳐 만든 열대야가 다시 도시를 습격하고 있다. 도시인들은 보조기구 없이는 잠을 들 수 없게 되었다. 순례단도 도시 속으로 들어와 걷는 것이 고통이다. 막 도시에 들어서면 여기저기서 신음이 들린다. 도시인들만 그 소리를 듣지 못하고 있다.

해마다 지구의 표면 온도가 뜨거워지고 있다. 여름은 이제 폭염과 지열 사이에서 '지옥의 한철'이 되어가고 있다. 제철을 잃어버린 자연은 인간에게 무수한 경고음을 보내고 있다. 시도 때도 없이 내리는 국지성 호우는 대지가 제 몸을 식히는 등목이다. 등목을 해도 시원치 않을 정도로 텁다면 대지의 여신은 옷을 벗고 목욕을 하려 들 것이다. 그 결과는 어찌될 것인가. 우리는 끝을 향해 치닫고 있지만, 그 끝이 언제인지는 알지 못한다. 그저 달릴 뿐이다. 그러나 그날은 벼락처럼, 도적처럼 올 것이다. 인간이 자연과 불화를 일으켜 어쩌자는 것인가.

많은 사람들이 중동의 두바이를 경이롭게 바라보고 있다. 사막을 바꿔 오아시스를 만들었기 때문이다. 파리보다 더 넓은 인공 섬을 바다에 조성했고, 모래사막에 거대한 빌딩 숲을 만들었다. 거의 천지개벽 수준이다. 그러나 인공의 오아시스는 전 지구적으로 보면 범죄행위일 수 있다. 그것은 환경 창조가 아니다. 환경 파괴다.

두바이에 내부가 온통 얼음으로 장식된 레스토랑이 2007년 8월에 문을 열었다. 이는 하나의 상징일 수 있다.

　바깥온도는 44도인데 레스토랑의 실내온도는 영하 6도라고 한다. 이쯤 되면 대형 냉장고라고 할 수 있다. 이 '50도의 온도차'를 유지하기 위해서는 엄청난 에너지를 소비해야 한다. 그러면 또 엄청난 열을 바깥으로 뿜어낼 것이다. 이 레스토랑을 확대한 것이 바로 두바이가 아닌가. 사막에 골프장을 조성하고, 스키장을 만들고, 세상에서 가장 높은 건물을 세웠다. 그들은 주어진 환경을 거부하고 오로지 그들만의 공간으로 개조한 것이다. 하지만 편하고 좋은 것만을 좇다가는 현대판 소돔과 고모라가 될 수 있음을 알아야 한다. 하늘을 찌르는 최고층 건물이 바벨탑이 될 수도 있음을 알아야 한다.

　그들의 새로운 나라가 쾌적하고 풍요롭다면 다른 나라에 사는 누군가가 고통을 받아야 한다. 그들로 인해 주변 사막은 더 뜨거워질 것이다. 그들이 시원함을 즐기며 뜨거운 국물을 입에 흘려넣을 때, 가난한 다른 땅에서는 물이 말라 대지가 갈라지고 사람들의 목이 타들어갈 것이다.

　우리네 도시도 마찬가지다. 멀리서 보면 속은 거대한 냉장고이고, 겉은 거대한 열섬이다. 우리가 사는 도시는 안과 겉이 몇 도 차이가 날지 한번쯤 헤아려 볼 일이다.

사람들은 인공도시 두바이를 침이 마르게 칭찬하면서도 지구 온난화를 걱정한다. 안과 겉이 다르다. 우리는 얼음레스토랑에 살고 있는 것이다. 나의 편함과 즐거움이 남에게는 불편이고 고통이다. 들녘에서 땀이란 땀은 다 흘리고 부채로 더위를 쫓았던 우리 조상들. 그분들의 삶이 우리에게 푸른 지구를 물려주었던 것이다. 자연 속에 안겨 자연과 교감하는 것이 누군가를 위한 배려이고 사랑이다.

구호에 갇힌 사람들

도시로 들어서면 갑자기 걸음이 빨라진다. 마음이 급해졌음이다. 도시는 도법 같은 순례자에게는 불편하다. 자꾸 허둥거리게 된다. 어디를, 무엇을 하러 가는지 모두 급하게 움직인다. 불빛은 진하고 간판 또한 요란하다. 옷차림이 거의 비슷한 사람들이 비슷한 표정을 짓고 있다. 도시에서는 사람과 자동차만이 움직인다. 그나마 하늘을 향해 팔을 벌리고 서 있는 가로수가 바람에 살랑거리며 생명붙이들이 빠져나간 길을 가리키고 있다. 도시에 서 있으면 사람은 한없이 작아진다.

사람들은 도시로 들어오면서 그간에 품고 있었던 것을 버려야 했다. 이웃의 정, 어머니 품, 두고 온 고향친구 같은 것은 지니고 다녀서는 안 될 것들이다. 장롱이나 앨범 속에 집어넣고 잠자기 전에나 잠깐 꺼내봐야 한다. 감상적인 생각은 지니고 다닐수록 비 맞은 솜처럼 무거워진다. 도시에 들어올 때는 고향 같은 것은 버리고, 대신 비수 하나씩을 어딘가에 지녀야 한다.

도법은 도시 안에서 긴장하는 자신을 보고 스스로 놀랐다. 그러면서 저들의 급한 삶의 실체는 무엇인지 궁금했다. 차들은 조금만 막혀도 빵빵거리고 행인들은 종종걸음이다. 누가, 무엇이 저들을 쫓아다니는가. 저들은 무엇에 쫓기는가. 그러다 도법은 그것이 욕심으로 인한 불안과 공포임을 보았다. 저들은 남보다 일찍 닿으려고, 아니 남보다 늦지 않으려고 뛰어가고 있었다.

이 사회를 움직이고 있는 힘, 현대인들의 가치 중심을 지배하고 있는 것은 집약해 보면 부자와 일등 딱 두 가지이다. 일등과 부자가 되기 위해서는 양심도, 개성도 다 뒷전으로 밀쳐놓는다. 인간적인 신뢰와 우정마저 하찮은 것으로 여긴다.

'세상은 일등만을 기억한다.'

'여러분, 부자 되세요.'

유명한 광고 문구이다. 일등 하라고, 부자 되라고 소리친다. 그러나 그 일등을 위해 수많은 사람들이 뒤를 받치고, 가난한 사람들이 모여 있어야 부자가 존재할 수 있다. 이러한 광고문구는 모든

도시에 들어서면 주위를 살핍니다. 어느 새 발걸음이 빨라집니다. 목소리도 이내 소음에 섞여버립니다. 목소리가 소음이 되는 도시, 도시인들은 대체 무엇에 쫓기는 것일까요. 포항에서 사람을 경쟁으로 내몰며 사람들을 바보로 만들고 있다. 말로는 다양성의 시대라며 다원적 가치를 존중해야 한다지만, 삶의 다양성은 싹 무시해버리고 있다. 도법은 도시와 농촌, 못 가진 자와 가진 자, 기독교인과 불교인들, 보수진영과 진보진영 모두를 만나봤지만 그들만의 주관을 알 수 없었다. 그들은 신문과 방송이 얘기한 대로 따라가고 있었다. 주체적 삶은 보이지 않았다.

도시에는 온갖 구호가 걸려 있거나 나부끼고 있었다. 일등 시민이 되자, 부자 군민이 되자, 최고 소득을 올리자……. 서로가 서로를 부자, 최고, 으뜸, 최고로 내몬다. 심지어 아파트 단지에까지 격문이 휘날렸다.

'상류사회 위의 상류사회를 추구하는 아파트.'

하지만 우리가 그토록 가고 싶어하는 상류사회는 어떤 곳일까? 우리는 어디까지 높이 올라가야 만족할 수 있다는 말인가. 도법은 부처님의 말씀을 떠올렸다.

"히말라야산이 모두 금이어도, 한 사람의 욕심을 채우지 못하리."

멀리 미국을 보자. 확실히 그들은 잘살고 있다. 하지만 60억 명이 넘는 인구가 미국식 삶을 산다면 이 지구는 끝장이 나고 말 것이다. 오늘날 미국의 풍요로움은 이 지구촌에서 헤아릴 수 없는 많은 사람들이 굶주리고 있기 때문에 가능한 것이다. 미국인들은 나뉘 갖지 않고 독점하기 때문에 그 풍요로움이 가능한 것이다. 미국은 자기네 국민들의 욕심을 채워주기 위해 오늘도 분주하게 세계를 경영하고 있다. 그러나 그럴수록 세계 사람들의 고통이 늘어날 뿐이다. 부자와 일등을 향해서 질주하는 미국, 그러나 아직도 허기지다. 그들은 결코 "우리는 이만하면 충분해"라고 말하지 않는다.

예를 더 들어보자. 미국은 소련만 붕괴되면 자신들의 뜻한 바가 저절로 이루어질 것이라는 환상을 가지고 있었다. 빈 라덴만 제거하면 테러가 사라질 것이라는 착각을 하고 있었다. 원수와 적을 만들어놓고 그들을 제거하면 될 것이라는 환상과 착각에 빠져 있었다. 그러나 무엇이 달라졌는가? 평화가 왔는가? 지구촌에 증오와 공포만 더 키웠다.

부처께서는 일생 동안 옷 두 벌과 밥그릇만을 가졌을 뿐이다. 아무것도 소유하지 않았다. 그러나 늘 당당하고 평화로웠다.

주민들의 표로 벼슬을 얻은 자치단체장들은 매사에 거침이 없었다. 주민들이 원한다는 이유로, 또는 주민들을 위한다는 명분으로 산을 깎고 바다를 메우고 숲을 없애버렸다. 그러다 보니 민원이 끊이지 않았다. 어느 마을을 가도 공사 중이었다. 저 깊고 깊은 산골에서도 굴착기가 혀를 날름거리며 땅을 파고 있었다. 대한민국의

스님이 흐린 강물을 만져보고 있습니다. 이 땅 어디를 가도 강은 마르거나 탁했습니다.
스님 얘기로는 우리 땅이 오염되어 흙이 물을 머금지 못한답니다.
물은 흙 속에 머물지 못하고 그냥 흘러가 버립니다.
우리도 어딘가에 머물지 못하고 그냥 그렇게 흘러가버리는 것이 아닐까요. _문경에서 땅 속은 잠잠할 날이 없다. 날마다 지형이 바뀌는 대한민국은 공사공화국이었다.

도법은 묻고 싶었다.

"산을 파는 것은 넉넉한 마음을 파헤치는 것이고 나무를 베는 것은 심성을 톱질하는 것 아닌가?"

자치단체장을 만나고 싶었다. 그들과 대화하고 싶었다. 하지만 거의가 피했다. 길 위에서 빌어먹는다는, 걸음이 다부지고 눈이 빛나는 탁발승을 그들은 상대하지 않으려 했다. 자치단체장들은 무엇인가를 남기려 했다. 업적을 자랑하고 싶었을 것이다. 가장 손쉬운 방법은 새 청사를 짓는 일이었다. 기왕에 있던 군청, 시청, 도청을 허물었다. 치적을 앞세우려다 보니 이웃 자치단체보다, 아니 내친김에 전국에서 최고로 크게 지어야 했다. 청사는 처음 예정했던 것보다 크고 우람해졌다. 그리고 그것이 주민들을 위한 것이라고 둘러댄다. 역사상 가장 큰 관청을 준공하고는 관리들과 유지들은 이렇게 축사를 한다.

"이제야 우리 시민의 자존심을 살리게 되었습니다. 이제 주민들의 새 터전을 마련했으니 우리 시장님과 함께 전진합시다."

그러나 정작 주민들은 하늘을 찌르는 건물의 기세에 눌려 찾아가지 않는다. 관청은 주민들과 더 멀어져 갈 뿐이다.

유적지나 기념관도 마찬가지였다. 의거를 기념하는 곳도, 억울한 죽음을 기리는 곳도 크고 화려하게 다시 지었다. 어떤 곳은 그 위용이 사람들을 윽박질렀다. 모든 치장을 다했다. 조각에, 헌시에, 상징탑에, 기념비에……. 그렇다고 죽은 자들이 좋아할 것인가. 죽은 자들에게 물어볼 일이다. 과연 그 속으로 그들은 마음 편히 들어올 것인가. 죽은 자들도 나무랄 것이다. 죽어서 화려하고 우람한 집을 가져 무얼 하겠는가. 그들은 산 사람들에게 기억되기를 바랄 뿐이다. 어쩌면 우리는 죽은 사람에게까지도 우리 욕심을 나눠주고 있는지도 모른다.

순례길에 송덕비를 만나면 반갑다. 송덕비는 대개 마을 입구에 서 있다가 나그네의 옷깃을 슬며시 잡아당긴다. 비문 속의 사연도 사연이지만, 그 주인공들이 이 마을에 아직도 살고 있을 것 같은 생각이 들어 탁발승의 마음을 붙들곤 했다. 사람들이 뜻을 모아 생전의 공을 돌에 새겨 후대에 전한 인물이면 그 발 앞에 엎드려야 하리라. 그런데 자세히 들여다보면 그 송덕비라는 것이 최근에 세운 것들이었다. 까만 오석이나 대리석에는 기름기가 흘렀다. 집들은 주저앉거나 허물어져서 마을은 제 몰골이 아닌데도 송덕비만은 늠름했다.

갑자기 덕을 기릴 사람들이 많이 생겨났는가. 우리 시대가 덕을 베푼 은인들이 많이 살았던 '은혜의 시대'란 말인가. 아니면 우리가 잊고 살았지만 앞으로는 기려야 하는 현인들이 그렇게 많았단 말인가. 아니다. 그것은 자기네 조상 자랑을 위해 문중이나 집안에서 경쟁적으로 세운 것들이었다. 없는 공을 빌려 오고, 작은 덕과 충을 부풀리고 보탰을 것이다. 그것은 죽은 자들을 위해 세운 것이 아니었다. 살아 있는 자들이 자신들을 드러내려는 과시욕에서 비롯된 것이었다. 그것은 조상을 섬김이 아니라 조상의 삶을 조작하는 것이었다. 산 자들은 흡족해할지 모르겠지만, 마을은 자초지종을 알 터이니 세상 떠난 조상들은 매우 불편할 것이다. 고향을 찾을 때에도 낯이 뜨거워 고개를 제대로 들지 못하리라.

떠다니는 죽음

어디를 가도 넘쳐나는 쓰레기와 화장터 때문에 싸우고 있었다. 모두들 삿대질이었다. 우리 동네는 절대 안 된다는 것이다. 아니 왜 하필 하고많은 땅덩어리에 우리 마을에 그런 혐오시설이 들어오느냐고 난리였다. 쓰레기는 갈 곳이 없었다. 죽은 사람의 주검도 마찬가지다. 마땅히 갈 곳이 없다. 사람들은 자신에게 닥칠 죽음마저 부정하는 것처럼 보였다. 반면에 나 아닌 다른 사람의 삶은 하찮게 여기고 있었다.

곳곳에 쓰레기가 넘쳐 악취를 풍겼다. 사람들은 쓰레기 소각장을 세울 땅과 쓰레기를 완전히 소각하는 방법을 찾느라 머리를 싸매고 있었다. 날마다 쓰레기는 버리면서 쓰레기 소각장이 자기네 마을 근처로 들어서는 것은 반대했다. 갈 곳 없는 쓰레기가 하천을, 산과 들을 더럽히고 있었다.

사람들은 근본적인 해결책은 놔두고 눈앞에 보이는 쓰레기 치우기에만 골몰하고 있었다. 쓰레기는 치우기보다 발생시키지 말아야 한다. 그것이 근본 해결책이다.

생각 없이 음식물을 남기고, 생각 없이 소비하는 현대인들은 버리는데 너무 익숙하다. 우산, 냄비에서부터 티브이나 휴대폰까지 고장이 나면 그냥 버린다. 음식도 맛있는 것만 골라 먹으려 한다. 음식점에 가면 다 먹지도 못하면서 양이 적다고 투정이다.

그러나 음식물 속에는 하늘과 땅과 사람이 모두 들어가 있다. 하늘에서 내려오는 비와 햇살, 땅의 힘, 농부의 정성이 없다면 그 어느 것도 자랄 수 없다. 그래서 음식 속에는 하늘의 축복, 땅의 자비로움, 농부의 지혜가 스며 있는 것이다. 이렇듯 천지인天地人이 들어 있는 먹을 것을 너무 함부로 대한다. 실로 무례하다.

세상에 음식물을 지금처럼 남겨서 버린 시대가 어디 있었는가.

밥은 무엇보다 소중합니다.
충주 한 식당에는 이현주 님의 글이 붙어 있었습니다.

'천천히 씹어서 공손히 삼켜라.
봄에서 여름 지나 가을까지
그 여러 날들을
비바람 땡볕으로 익어온 쌀인데
그렇게 허겁지겁 삼켜버리면
어느 틈에 고마운 마음이 들겠느냐
사람이 고마운 줄을 모르면 그게 사람이 아닌거여'

하늘의 축복, 땅의 너그러움, 농부의 지혜가 없다면 밥도 없습니다.
그런 밥을 버림은 벌을 부르는 것입니다. _제천에서

사람들은 질서에 스스로를 가둡니다.
구분을 지어야 마음이 놓입니다.
경계는 또 다른 경계를 만듭니다.
기어이 죽음과 삶 사이에 분리대를 설치합니다.
인간과 자연 사이에도 경계가 있습니다.
생명의 눈으로 봐야 허물 수 있는 담장이 있습니다.

내 생명을 이어주는, 모든 힘의 원천인 음식물을 이처럼 하찮게 여기던 때가 어디 있었는가. 그러고도 생명의 고귀함을 이야기할 수 있단 말인가. 그러고도 쓰레기가 넘친다고 걱정을 할 수 있단 말인가. 우리는 먹을 것에 경배함이 마땅하다.

사람들은 먹거리를 찾아 떼로 이동한다. 맛있는 것, 귀한 것만 찾아 먹는다. 그러면 상대적으로 맛없는 것, 흔한 것은 그냥 버려져야 하는가. 인간이 먹거리로 기르거나 잡거나 채취했다면 꼭 먹을 일이다. 그렇지 않다면 고기건 생선이건 나물이건 제자리에 그냥 놔뒀어야 했다.

쓰레기를 양산하는 무리는 결국 모든 것을 쓰레기로 본다. 사물을 쓰레기로 보는 눈을 지녔으니 결국 자신들도 쓰레기가 되고 마는 것이다. 남아서 버리는 음식 쓰레기를 몇 조 원어치니 몇 십조 원어치니 하고 따진다. 그러나 우리가 먹는 음식물이 어찌 욕망의 또 다른 계량단위인 돈으로 헤아릴 수 있단 말인가. 음식물을 아무렇게나 버림은 죄악이다.

쓰레기장을 어디에 세우고 어떻게 태워 없앨 것인가 고민하지 말고 음식을 먹을 만큼만 차려 남기지 말아야 한다. 가장 완벽한 쓰레기처리장은 바로 우리네 뱃속이다. 음식을 먹기 전에 감사의 기도를 올리는 사람, 음식물을 꼭꼭 씹어 맛있게 먹는 사람, 남김

없이 먹는 사람은 진정 복을 받을 것이다. 인간의 먹이가 되기 위해 저 깊은 바다에서 잡혀 온 생선이라면 남김없이 발라 먹는 것이 도리다. 채소에게, 생선에게, 호박에게, 쌀에게, 과일에게 미안한 일을 해서는 안 될 것이다. 그런 천지의 힘과 기운을 흡수하는 식사시간은 얼마나 신성한 것인가. 밥을 먹는 행위는 또 얼마나 경건한 것인가.

 화장터와 공동묘지도 혐오시설이라고 짓지 못하게 한다. 도시인들은 자기네 동네에 화장터가 들어서는 것을 극렬하게 막아서고 있다. 그렇다면 그 많은 죽음들은 어디로 가고 그 많은 주검들은 어떻게 처리해야 하는가. 그러고 보니 도시에서는 '죽음'이 보이지 않는다. 도심에서는 죽음이 사라졌다. 늙음도 잘 보이지 않는다. 사람들은 모두 늙음을 감추고 있다. 아니 자신이 늙었음을 모르고 있는 것 같다. 머리에 물을 들이고, 요란한 차림을 하고, 좋다는 것은 몰려다니며 무엇이든 먹는다. 먹이를 주면 몰려드는 비둘기 떼처럼, 물고기 떼처럼 먹을 것을 찾아 우르르 몰려다닌다.
 산에 오르고, 헬스클럽에 나가고, 아침저녁 뜀박질이다. 그 속에 늙음은 없다. 텔레비전을 틀면 온통 먹는 얘기이며 장수로 가는 안내방송을 하고 있다. 그러니 사람들은 죽을 줄을 모르고, 죽을 줄

생명평화운동 일꾼들인 '등불'들이 밝힌 생명의 등이 곱습니다.
순례단은 한 매듭을 지을 때마다 생명평화대회를 엽니다.
순례길에서 만난 동지들이 각지에서 모입니다. 그래서 갈수록 등불 수는 늘어납니다.
생명평화의 염원은 커져갑니다.
저 등불들은 우리 사회의 미움과 차별을 녹이고, 화해와 사랑을 불러올 것입니다.
저 등불이 모든 휴전선 철책에 걸리면 남과 북은 철책을 걷어 내겠지요. _문경에서 모르니 화장터나 공동묘지는 다른 나라 이야기일 뿐이다.

현대인들은 영원히 살 것처럼 행동한다. 죽음에 대한 이야기만 나오면 손을 내젓는다. 그러나 죽음은 자기 것이다. 언젠가는 자신이 죽음을 베고 누워야 한다. 누군가는 맥박소리를 '제 무덤을 파는 삽질소리'라고 했다. 우리는 사실 죽음과 함께 뒹굴고 있는 것이다. 삶이 죽음을 기른다고도 볼 수 있다. 그런데도 사람들은 죽음을 우리 시대에는 없는 것처럼 행동하고 있다. 사람이 죽는다는 것은 알지만, 죽음이 나에게 오지 않는다고 믿는 것 같다. 어딘가에는 화장터와 무덤은 있어야 하지만, 나와 우리 곁은 안 된다고 침을 튀긴다.

장례문화도 빠르게 바뀌고 있다. 변화의 핵심은 '산 사람이 편하게'다. 산 사람을 위하여, 산 사람끼리 죽음을 처리한다. 작은 읍에도 장례식장은 있다. 집에서 장례를 치르는 것은 아득한 얘기가 되어가고 있다. '인간 최후'의 무게가 갈수록 가벼워지고 있다. 이래저래 우리 시대에 죽음은 둥둥 떠다니고 있다.

사람들은 영원히 살 것처럼 죽음을 밀쳐냅니다. 하지만 길 위에 서면 알 수 있습니다. 버려야 얻듯이, 죽음을 곁에 두는 것이 죽음을 떨쳐내는 것이라는 것을. _보성에서

생명의 그물

낮추고 비우고 나눠라

문명은 교만을 품고 있음이 분명하다. 너무 잘나서 자족의 울타리를 박차고 나가 남을 노려본다. 인류가 이성을 그리 번쩍거리게 닦았지만 지구촌은 오늘도 분리, 대립, 투쟁의 연속이다. 국가 종교 이념의 관점으로, 자유·정의·평화의 이름으로 편갈리어 생명을 죽이고 있다. 이것이 현대문명의 실상이다. 현대문명이 인류의 바람을 짓밟고 생명위기, 평화위기의 자기모순을 확대재생산하게 되는 이유는 무엇일까.

도법은 길 떠나기 전부터 잠 못 이루는 밤이 많았다. 지리산 자락에 천년도 넘게 서 있는 실상사, 그 어딘가에 진리가 고여 있을 텐데 그걸 찾기가 쉽지 않았다. 성찰과 모색을 거듭했다. 문제의 맨 밑바닥 속으로 가라앉아 보았다. 돈오의 순간처럼 새벽에는 얼핏 보였다가 낮에는 사라졌다. 도법은 심란해질 때마다 화엄경 속으로 들어갔다. 그리고 어느 순간 생각 하나가 떠올랐다. 그런데 그 생각은 아득히 과거로부터도 품어온 것 같기도 하고, 전혀 새로운 것 같기도 했다. 모든 문제는 '존재의 실상에 대한 무지'에서 비롯되었다는 것이다. 존재의 참모습을 모르니 당연히 내가 보이지 않았다. 나를 알지 못하니 세상을 제대로 볼 수 없었던 것이다.

'화엄경은 부처님이 몸소 깨달은 존재의 실상을 여실하게 설파한 경전이다.'

'화엄경은 근본법륜根本法輪이고 여타의 경전은 지말법륜枝末法輪이다.'

'화엄경은 크고 밝은 달과 같고, 다른 경전들은 달 주변을 둘러싸고 있는 작은 별들과 같다.'

화엄사상의 핵심철학은 '제망중중 무진연기법'이다. 말 그대로 화엄경은 온통 연기법으로 가득 찼다. 중중무진重重無盡 연기법으로 보면 세계는 한 몸이며 낱낱 존재들은 공동체 존재이다. 세계가 살아 있는 그물이라면 낱낱 존재들은 그물코와 같은 것이다.

가장 낮은 데로 내려갑니다.
'당신이 있어 내가 살아있음입니다.'
'오늘 그대와 인연을 맺었으니 나는 당신입니다.'
세상에 모든 것은 나를 위해 존재합니다.
스님은 어디를 가도 절했습니다. _옥천에서

"천지는 나와 더불어 한 뿌리요, 만물은 나와 더불어 한 몸이네."_승조
"하나의 먼지에 온 우주가 함께하고 일체의 먼지들도 또한 이와 같네. 무량한 시간이 그대로 한순간이요, 한순간이 그대로 무량한 시간이네."_의상

현대인들은 왜 길을 잃었는가. 첫째, 우리는 다른 것은 잘 아는데 자기 자신을 잘 모르기 때문이다. 내 삶의 주체가 나 자신인데도 자기 자신에 무지하기 때문이다. 둘째, 내가 사는 내 동네를 잘 모르기 때문이다. 미국에 있는 작은 마을, 제주도에 있는 해수욕장은 아는데 나를 키운 우리 마을은 모른다. 여기서 비극이 자라고 있다. 문명이 발달할수록 나 아닌 것은 그토록 잘 아는 데, 역으로 나를 돌아보고 살피는 성찰의 눈과 마음은 흐려지고 탁해졌다.

세상에서 가장 중요한 존재는 당연히 자기 자신이다. 내 삶은 내 자신에서 시작하는 것이다. 그것은 누구도 예외가 없고 부정할 수도 없다. 내게 가장 중요한 것은 내 생명이다. 우리는 이 한목숨을 위해 살고 있다. 국가가 존재하는 이유도, 종교가 존재하는 이유도, 돈을 벌고 집을 사는 이유도 이 한목숨을 위해서이다. 그런데 내 생명이 어떤 존재인지를 모른다.

그 많은 세월 동안 그 많은 돈을 들여 그렇게 많이 공부했지만,

자기 자신에 대해서 아는 것은 별로 없다. 불가에서는 이를 '전도몽상顚倒夢想'이라고 한다. 본말이 전도되었다는 뜻이다. 개인과 사회의 불행은 자신과 우리를 모르는 데서 비롯된 것이다.

　사람들은 내 생명이 내 안에 있다고, 네 생명은 네 안에 있다고 생각한다. 따로따로라는 것이다. 이것이 전도몽상이다. 분리된 생명은 존재하지 않는다. 그것은 관념일 뿐이다. 존재의 실상에 대한, 생명의 실상에 대한, 나의 정체성에 대한 무지요 착각일 뿐이다. 어떻게 따져 보아도 분리되어 따로 존재하는 것은 없다.

　우리는 흔히 태양과 나, 지나가는 나그네와 나, 바람과 나는 분리되어 존재한다고 생각한다. 그러나 이는 관념일 뿐이다. 존재의 실상은 결코 분리되어 존재하지 않는다. 정신이 물질이며, 물질이 마음이다. 그런데도 너 없는 것이 내게 유리하다고 생각한다. 어떤 때는 너를 없애고 나만 존재하려고 한다. 그러나 그것은 어리석은 생각이다. 우리 모두는 그물의 그물코와 같은 존재이다.

　세상에는 나 아닌 것이 없다. '자타불일불이自他不一不二'다. 나와 남이 하나도 아니고 둘도 아니다. 하나라고 얘기하자니 분리되어 있고, 둘이라 하기에는 분리되어 있지 않으니 이는 하나도 아니고 둘도 아니다. 현대과학으로는 이러한 관계를 '살아 있는 그물'이라 부른다. 나뉘어 있는 것 같지만 전부 연결되어 있다.

농사를 짓는 어떤 부부가 있었다. 남편이 해가 졌어도 돌아오지 않자 아내는 남편을 맞으러 나갔다. 달이 밝아 길이 훤히 보였기 때문이었다. 아내는 언덕에 올라 남편을 기다렸다.

이윽고 남편이 나타났다. 남편이 아내 곁에 거의 다다랐을 때 꿩 한 마리가 푸드덕 날아올랐다. 아내는 깜짝 놀라 남편 품에 뛰어들었다. 남편은 얼결에 아내를 품었다. 남편의 품은 더없이 따뜻했다. 그리고 한참을 있었다. 바람이 살랑거렸다. 두 사람은 기분이 이상해졌다. 집으로 돌아오는 길 옆에 숲정이가 있었다. 집에는 손님이 와 있었다. 부부는 숲정이로 들어갔다. 누군가 흘리고 간 마른 풀이 깔려 있었다. 두 사람은 그곳에서 사랑을 나눴다. 그리고 아기를 잉태했다.

그 아기가 나라고 생각해보자. 달이 밝지 않았으면, 즉 달이 없었더라면 나는 태어날 수 없었다. 꿩이 푸드덕 날아오르지 않았으면 나는 존재하지 않았다. 바람이 살랑거려 두 사람을 자극하지 않았으면, 숲정이가 없었으면 나는 없었다. 집에 손님이 와 있지 않았으면, 아니 그 손님이 없었으면 나도 없었다. 마른 풀이 없었으면, 누군가 마른 풀을 흘리고 가지 않았더라면 나는 존재하지 않았을 것이다. 세상에 모든 것이 나의 탄생을 위해 존재했던 것이다. 우주가 달빛과 별빛을 흘려보내 주었고, 바람은 지구 끝 쪽에서 불

세상에 쓸모없이 태어난 것은 없습니다. 저 밀짚모자도 누군가가 원해서 만들어졌습니다. 저 속에는 햇살, 달빛, 바람, 땀, 정성이 들어 있습니다. 사는 것은 나 아닌 다른 것들에 신세를 지는 것입니다. 네가 있어 내가 존재하기에 낮추고 비우고 나누며 살아야 합니다. _부산에서

어왔을 것이다.

그럼으로 나는 세상 끝에서 왔고, 우주에서 떨어졌고, 땅 속에서 솟아난 것이다. 세상에 나 아닌 것이 어디 있을 수 있겠는가.

나는 온 우주가 다 참여하고 관계를 맺어서 지금 여기 존재한다. 어떤 것도 내 생명과 무관하게 존재하지 않는다. 어떤 것도 나와 분리되어 있지 않다. 너와 나라는 그물코, 인간과 자연이라는 그물코, 정신과 물질이라는 그물코. 이렇듯 겹겹이 관계를 맺고 있다. 그러기에 공격해야 하는 존재, 제거해야 할 존재는 존재하지 않는다. 도법은 가는 곳마다 이야기했다.

우리는 신세를 지고 삽니다. 나보다 자연, 사회, 부모가 먼저 있었습니다. 오로지 나 아닌 너에 의해서 존재하고 있는 것입니다. 내 것이라고 주장할 권리가 없습니다. 온통 네 신세를 지고 삽니다. 난 오로지 대상에 의해 존재하기 때문에 내가 자기 정체성에 충실하려면 끊임없이 자신을 낮추고, 비우고, 나누는 삶을 살아야 합니다. 낮추고 비우고 나눈 만큼 내 삶은 여유로워집니다. 편안해지고 자유로워지고 아름다워집니다.
나는 장담합니다. 내 하나뿐인 목숨을 걸고 이야기할 수 있습니다.

나를 존재할 수 있도록 해주는 대상들, 이 모두는 하느님처럼 고맙고 귀한 존재들입니다. 내 생명을 성립시키고, 태어나게 하고, 살아가게 해주는 고맙고 귀한 존재들입니다. 그러니 당연히 존중하고 배려하고 고마워해야 합니다.

자기 자신을 바로 안다면 나는 너에 의해서 존재하기에 낮추고 비우고 나누는 삶이 되어야 하고, 나를 있게 한 대상들을 알았으니 그들을 존중하고 배려하고 고마워해야 합니다.

화엄의 세계는 모든 존재가 본래 공동체임을 명백하게 보여준다. 화엄사상의 문제의식으로 도법은 '생명평화의 경'을 다듬었다. 탁발순례에 나서기 전부터 이미 만든 것이었다. 불교, 기독교, 이슬람교, 힌두교, 동학, 원불교, 노자사상 등에 존재의 실상을 물었다. 이원론, 실체론이 아닌 관계론의 세계관과 정신들을 전체적으로 반영하여 만들었다. 동체대비론으로 보면 생명평화경은 화엄의 세계관이다.

하지만 길 위에서 고치고 또 고쳤다. 부처님께 절하며, 하늘을 바라보며, 기도하며 생명평화의 경을 다듬었다. 처음에는 수사적이고 다소 난해했던 생명평화경은 갈수록 구체적이고 단순해졌다. 동양과 서양, 국가와 국가, 종교와 종교, 종교와 무종교, 진보와 보수의 벽을 넘어 모두 함께할 수 있는 세계관을 담아낼 수 있었다. 순례단은 시작과 끝을 생명평화경을 읽으며 열고 맺는다.

생명평화경

나는 다음과 같이 들었습니다. 눈 내리는 한밤중에 진리의 스승께서 말씀하셨습니다.

생명평화 세계관

생명평화의 벗들이여! 생명평화길의 근본이 되는 존재의 실상인 상호 의존성, 상호 변화성의 우주적 진리를 설파하리니 그대들은 귀 기울여 잘 듣고, 깊이 사유 음미할지니라.

이것이 있음을 조건으로 저것이 있게 되고, 저것이 있음을 조건으로 이것이 있게 되며, 이것이 없음을 조건으로 저것이 없게 되고, 저것이 없음을 조건으로 이것이 없게 되나니라.

존재의 실상인 상호 의존성, 상호 변화성의 조건을 따라 생성, 소멸하는 우주의 진리인 이 사실은 과거에도 그러했고, 현재에도 그러하며, 미래에도 그러할 것이니라.

생명평화 사회상

생명평화의 벗들이여! 서로 의지하고 변화하며 존재하는 생명의 진리는 우리 모두의 영원한 길이니, 지금 진리의 길에 눈뜨고 진리의 소리에 귀 기울일지니라.

자연은 뭇 생명의 의지처이고, 뭇 생명은 자연에 의지하여 살아가는 공동체존재이니라. 이웃 나라는 우리나라의 의지처이고, 우리나라는 이웃 나라에 의지하여 살아가는 국가공동체이니라. 이웃 종교는 우리 종교의 의지처이고, 우리 종교는 이웃 종교에 의지하여 살아가는 종교공동체이니라.

이웃 마을은 우리 마을의 의지처이고, 우리 마을은 이웃 마을에 의지하여 살아가는 고향공동체이니라. 이웃 가족은 우리 가족의 의지처이고, 우리 가족은 이웃 가족에 의지하여 살아가는 가족공동체이니라. 그대는 내 생명의 어버이시고 나는 그대에 의지하여 살아가는 공동체 생명이니라.

진리의 존재인 뭇 생명은 진리의 길을 걸을 때 비로소 평화로워지고 행복해지나니, 그대들은 깊이 사유 음미하여 실행할지니라.

생명평화 인간상

생명평화의 벗들이여! 생명의 실상을 달관하는 안목으로 자족의 삶을 가꾸는 진리의 삶을 살지니라. 생명의 고향인 자연을 병들게 하는 진리를 무시한 인간 중심의 이기적 삶을 버리고 우주 자연을 뭇 생명의 하느님으로 대하는 진리의 삶을 살지니라. 우리나라의 의지처인 이웃 나라를 불안하게 하는 진리를 무시한 내 나라 중심의 이기적 삶을 버리고 이웃 나라를 내 나라의 하느님으로 대하는 진리의 삶을 살지니라. 우리 종교의 의지처인 이웃 종교를 불안하게 하는 진리를 무시한 내 종교 중심의 이기적 삶을 버리고 이웃 종교를 내 종교의 하느님으로 대하는 진리의 삶을 살지니라.

우리 마을의 의지처인 이웃 마을을 불안하게 하는 진리를 무시한 내 마을 중심의 이기적 삶을 버리고 이웃 마을을 우리 마을의 하느님으로 대하는 진리의 삶을 살지니라. 우리 가족의 의지처인 이웃 가족을 불안하게 하는 진리를 무시한 내 가족 중심의 이기적 삶을 버리고 이웃 가족을 내 가족의 하느님으로 대하는 진리의 삶을 살지니라. 내 삶의 의지처인 상대를 불안하게 하는 진리를 무시한 자기중심의 이기적 삶을 버리고 상대를 내 삶의 하느님으로 대하는 진리의 삶을 살지니라. 뭇 생명의 의지처인 우주 자연과 내 나라의 의지처인 이웃 나라와 내 종교의 의지처인 이웃 종교와 내 마을의 의지처인 이웃 마을과 내 가족의 의지처인 이웃 가족과 내 생명의 어버이이신 그대의 개성과 가치의 존귀함과 고마움과 소중함에 대하여 지극히 겸허한 마음으로 존중하고 감사하고 찬탄하는 진리의 삶을 살지니라.

진리란 지금 현재 존재의 실상을 뜻할 뿐 그 밖의 다른 것이 아니므로 언제나 지금 여기에서 볼 수 있고 이루어지고 증명되도록 해야 하느니라. 진리의 길은, 현재의 삶을 진지하게 성찰할 때 그 실상이 드러나고 진리의 서원을 세울 때 생명평화 삶이 실현되나니 항상 깨어 있도록 할지니라.
생명평화경은 지금 여기 너와 나의 삶의 실상을 비추어보는 거울이니 항상 생명평화경의 사상과 정신에 어긋나지 않도록 명심하여 깨어 있을지니라.

생명평화 聞 · 思 · 修

거룩하십니다. 진리의 스승이시여!
진리의 가르침을 귀 기울여 잘 듣겠나이다.
깊이 사유 음미하겠나이다.
온몸과 마음을 다하여 실행하겠나이다.

생명평화 마음을 탁발한 바람.

생명평화운동 로고

안상수 교수(홍익대 시각디자인학과)는 지리산 실상사를 떠나 길 위에 있는 도법스님이 보고 싶었다. 그는 도법스님을 무척 좋아했다. 누군가 무엇 때문에 도법스님을 그리도 좋아하냐고 물었다. 아무리 생각해봐도 그 이유가 떠오르지 않았다. 그래서 '그냥'이라고 답했다. 정말이지 그냥 끌렸고, 곁에 있으면 마냥 편했다. 뵙고 싶으면 무작정 길을 나섰다. 길 위의 스님은 변함이 없었다. 하루, 이틀, 사흘 또는 일주일 동안 함께 걸었다. 도법스님을 만나고 돌아오는 길은 개운했다. 머리를 감고 온 기분이었다.

 어느 날 도법스님이 생명평화운동의 로고를 만들 수 있겠냐는 부탁을 해왔다. 안 교수는 그렇지 않아도 생명평화운동의 로고만큼은 자신이 만들어보겠다는 생각을 품고 있었다. 한글 글꼴 디자인의 독보적 영역을 개척했지만, 생명평화운동의 로고를 만드는 것은 또 다른 설렘이었다. 그것은 이미 도법스님이 완성한 '생명평화경'을 시각화하는 작업이었다. 도법스님의 세계관과 철학을 그림으로 나타냄은 실로 엄중한 일이었다. 안 교수는 속으로 되뇌었.
 '참 중요한 일이다.'
 석 달이 걸려 생명평화 로고가 완성되었다. 도법스님에게 빨리 보여드리고 싶었다. 2004년 12월 31일 자정 무렵, 지리산은 무척 추웠다. 귀농학교 방 안에 도법스님을 비롯한 순례단원들이 빙 둘러앉았다. 안 교수는 노트북을 켜고 그 안에 있는 로고를 보여드렸다. 도법스님은 환히 웃었다. 이렇게 생명평화운동의 공식 로고가 탄생했다. 길 위에 선 이래 첫 가시적인 성과물이었다. 안 교수도 기뻤다. 이 로고는 생명평화의 부적이었다. 앞으로도 그 자체로 살아 있을 것이다.

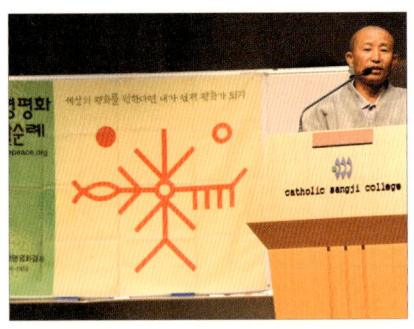

"나는 온 우주가 참여하고 관계를 맺어서 여기에 존재합니다."

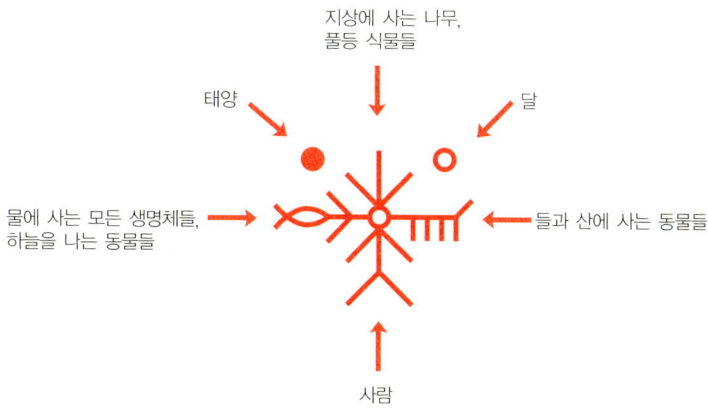

❛하늘에 해와 달이 있고, 왼쪽에는 물속에 사는 생명이, 오른쪽에는 네발 달린 동물이 있다. 가운데 아래쪽에 사람이 있다. 그리고 사람의 머리 위에 있는 나무는 생명이며, 인간과 신과의 소통을 뜻한다. 삼라만상이 저마다의 개성과 가치를 지니고 있을 곳에 있다. 사람이 이 삼라만상을 제대로 모시고 섬긴다면 그대로 생명평화일 것이다.❜

느티나무 울음

꽃불에 비친 마을

도법과 순례단은 남녘 길을 걸었다. 꽃이란 꽃은 일제히 피어났다. 길은 꽃길이요, 마을마다 꽃대궐이었다. 그런데 정작 사람은 없었다. 어쩌다 노인과 마주칠 뿐 젊은이, 특히 아이들은 볼 수가 없었다.

　사람들은 어디로 빠져나갔을까. 저 꽃나무를 심은 사람들도 어디에선가 봄을 맞고 있겠지. 어떤 마을은 개 짖는 소리조차 들리지 않았다. 아마 거두는 사람이 없기 때문일 것이다. 사람이 없는 마을에는 귀기가 흐르는 것 같았다. 꽃들이 환하게 마을을 밝혔지만, 그 꽃불에 비친 마을은 늙거나 병색이 완연했다. 너무나 고요해서 흡사 유령의 집들을 지나가는 것 같았다. 꽃들로 화사하게 장식한

납골당 앞을 지나는 것 같기도 했다. 함께 걷던 60대의 이장이 말했다.

"마을에 초등학생이 둘뿐이에요. 통학버스가 아이들을 학교에 데려가고 데려다 줍니다. 아기 울음 들어본 지 오래되었어요. 아기 낳으면 면장이 꽃 사고 이장이 미역 사서 차 타고, 자전거 타고 달려가는 세상입니다. 그나저나 이제 농촌은 끝나버렸습니다. 인심도 옛날 인심이 아니고……. 저 골골거리는 노인들마저 세상을 버리면 여기서 누가 살지 모르겠네요."

자식들이 부모를 도회지로 모셔 가면 이내 빈 집이 된다. 사람이 살고 있지 않은 빈 집은 왜 그리 급하게 주저앉는지. 따지고 보면 집이란 기둥이 지탱하는 것이 아니라 사람이 떠받치고 있었다. 마당에는 풀이 무성하고 처마에는 거미줄투성이다. 사람 냄새가 지워지면 온갖 야생덩어리가 사납게 자란다. 뻥 뚫린 방문과 대문으로는 한기가 뿜어져 나온다. 그 한기가 마을에 퍼져나가 환절기에는 마을 전체가 기침을 한다.

돌아다니며 살펴보면 아기 울음이 끊긴 마을이 많다. 빨랫줄에는 기저귀가 나부끼지 않는다. 하얀 기저귀가 시나브로 흔들리는 모습이란 세상에서 가장 평화로운 풍경이 아니던가. 늙은이의 시름을 녹여주던 천진한 웃음은 사라졌다. 동네 어귀나 골목마다 그

고향에서 쫓겨난 사람들이 눈물을 뿌리며 헤어진 곳에
저렇듯 애틋한 글귀를 새겨놨습니다.
고향을 잊지 말자고 굳게 다짐들을 했지만
언젠가는 기억 속에서,
또 언젠가는 세상에서
이름마저 지워질 것입니다.
빈 집이 늘어나고, 아무도 거들떠보지 않으면
마을마다 이렇게 표지판을 세워야 할지도 모릅니다. _문경에서

득했던 아이들의 웃음소리는 어디론가 날아가 다시는 돌아오지 않는다. 젊은이들은 탄생의 축복도 함께 가지고 고향 마을에서 떠나 버렸다.

사람들은 자꾸 도시로 빨려 들어갔다. 초등학교에 빈 교실이 늘어나고, 예비군이 한 명도 없는 자연부락이 생겨났다. 초상이 나면 상여 나갈 일이 가장 큰 걱정이다. 마을에는 그 흔한 소문마저 떠돌지 않는다. 소문은 호기심을 먹고 자꾸 커지는데, 그 호기심을 먹을 사람이 없으니 더 이상 굴러다닐 수가 없다. 소문을 퍼 나르던 우물도 말라버렸다. 들녘은 일손이 모자라 논과 밭을 묵히는 경우가 많다. 옛날에는 상상도 할 수 없는 일이었다. 논두렁, 밭두렁은 꼴을 베지 않아 잡초가 어른 키만큼 자란다. 농촌에서 소나 말이 할 일은 없어졌다. 이제 기계와 비료와 농약으로 농사를 짓는다. 아무런 신명도 흥도 우러나지 않는 농촌, 주저앉는 생명의 고향.

가히 기적이라고 할 만큼 우리 사회의 발전상은 눈부셨습니다. 고을고을마다 골프장, 스키장, 경마장들이 즐비합니다. 호텔, 콘도, 대형 마트, 상가, 식당, 백화점의 불빛이 현란합니다. 면사무소, 농협, 복지회관, 마을회관들이 으리으리합니다. 문만 열고 나서면 전국 어디든지 몇 시간 안에 다녀올 수 있도록 자동차 길이 시원하게

일손이 모자라 간혹 이렇게 농사일을 도울 때가 많습니다. 농촌도, 농민도 너무나 늙었습니다. 우리를 길러준 모태가 속절없이 무너지고 있습니다. 순례단은 농민들의 농사일은 거들 수 있었지만 시름을 덜어주지는 못했습니다.

순례단원의 웃음이 무척 맑습니다.
저 웃음이 농촌의 침묵을 걷어냅니다.
도법스님과 함께 순례를 하면 조금씩 편안해지고 조금씩 밝아집니다.
그 이유가 무엇인지는 모르겠습니다.
날마다 걷고, 얻어먹고, 잠자리가 불편해도
왜 자꾸 표정이 밝아지는지 모르겠습니다. _영덕에서

뚫렸습니다. 정부, 기업, 언론이 선진국 사회, 세계 10위권 나라라고 자랑하는 까닭을 실감할 수 있었습니다.

하지만 발전의 화려함 이면에 드리워진 어두운 그림자는 너무나 크고도 짙었습니다. 대도시의 안락의자에 앉아 바라보는 세상과 무참하게 무너져 내린 시골 빈집 마당에서 바라보는 세상의 모습은 전혀 달랐습니다. 서울·경기 2천 만의 자화상은 아이 울음소리 끊긴 빈 집, 빈 마을의 농촌으로 나타났습니다. 농촌 붕괴와 농민의 절망은 대도시의 빈민과 실업자의 얼굴로 나타났습니다. 현란한 도시의 불빛이 낳은 자식이 불 꺼진 농촌 사회라면, 불 꺼진 농촌이 낳은 자식이 반생태, 비인간적인 현재의 대도시입니다.

우리 시대의 희망이라고 하는 대도시의 모든 것을 낳고 길러낸 모태는 그 누구, 그 무엇도 아닌 농촌, 농업, 농민이었습니다. 농촌을 발판으로, 농민들의 피땀 어린 밥의 힘으로 부자동네 강남, 63빌딩, 대기업, 청와대, 국회의사당, 한국은행, 명문대학, 신문사, 종교의 성전들이 힘차게 돌아가고 있습니다. 그 누구도 이 사실을 부정할 수는 없을 것입니다.

그런데 국가사회의 근간인 농촌과 농업이 회생불능 상태로 무너져 내렸습니다. 국민의 목숨줄을 책임져 온 농민들이 자포자기 상태에 빠져 있습니다. 자신들을 낳고 길러준 모태를 경제성과 경쟁력

논리만을 내세워 함부로 취급하고 있는, 이 나라의 영향력이 큰 분들에게 분노하고 절망하지 않을 수 없습니다. 내가 살고 있는 우리나라가 귀함과 고마움에 대해 너무 몰염치한 곳이라는 사실이 실로 슬프고 두렵습니다. _도법의 순례일기

어머니들의 유배지

해마다 봄은 온다. 볕이 좋으면 들녘은 적당히 풀어져 비와 바람을 부른다. 매화가 희게, 산수유가 노랗게 웃으면 사람들도 봄 속으로 들어간다. 하지만 둘러보면 아무도 없다. 어느 날 갑자기 유배지가 되어버렸다. 정든 땅과 평생을 살아온 내 집이 유배지로 변하는 현실이 기막히다. 무엇에 버림받았는가. 유배지 농촌에는 아직 우리 시대의 어머니들이 살고 있다. 다들 도시로 몰려갔지만, 도시는 어머니들의 땅이 아니었다. 도시의 자식 집에 얹혀 살아보기도 했지만, 이런저런 사연으로 다시 내려와야 했다. 도시는 도대체 불편하다.

  홀로 집과 들을 지키는 사람들, 세태에 차이고 시대에 버림받은 사람들. 남편을 떠나보내고, 그들도 이제 하나 둘 세상을 떠나고 있다. 생기는 대로 아이들을 낳고, 부지런히 땅을 파서 그 아이들을 가르치고, 그 아이들의 빈자리에 놓여 있는 어머니들. 신유목민

대열을 따라 모두 떠나갔지만, 아직도 땅에 갇혀 있는 가부장시대의 난민들.

정말 많은 것이 사라졌다. 논밭을 갈던 소가 사라지고 온갖 농기구가 기계에 밀려났다. 보이지 않는 것들도 사라져갔다. 농사를 짓는 긴장감, 논두렁에서 피어나던 구수한 이야기, 제 힘을 주체하지 못하고 치고받던 마을끼리 패싸움, 노랫가락, 흥과 정……. 농촌에는 이제 우리 시대의 마지막 어머니들만 남았다. 고향에, 농촌에 홀로 계신 어머니. 이것은 우리 시대의 우울한 삽화다. 이름을 부르면 금방 달려올 자식들, 그러나 그들은 너무나 멀리 있다. 모든 것을 자식에게 주고 홀로 된 사람들.

길이 세상을 덮다

남녘 어느 마을에서 들은 얘기다. 사람들 왕래가 뜸한 길가에 멀리 주검이 보였다. 거의가 노인네인 마을사람들은 개가 죽은 줄 알고 거들떠보지도 않았다. 그러다 누군가 다가가 살펴보니 마을 할머니가 죽어 있었다. 옆집 숟가락이 몇 개인지도 다 알았던 공동체 농촌은 이렇듯 죽음도 챙겨볼 수 없을 정도로 피폐해버렸다.

밤이 되면 농촌은 그야말로 적막강산이다. 초저녁 텔레비전 불빛이 새어나오는 집은 사람이 살고 있고, 그렇지 않다면 빈집이다.

잘 닦인 시골 길을 걷습니다. 마을 사람들은 길을 넓히고 포장을 잘하면 그 길을 따라 많은 사람들이 찾아올 것이라고 생각했습니다. 그런데 그 길을 따라 마을 사람들이 떠나갔습니다. 사람도, 돈도 도시로 빨려 들어갔습니다. 쇠락한 마을에는 순례객들만 찾아듭니다.

텔레비전은 마을 사람들을 격리시켰다. 텔레비전의 등장으로 농촌에서 사랑방문화가 시들해지더니 컴퓨터가 보급되면서 사랑방이라는 말 자체가 사라져버렸다. 예의를 가르치고, 까막눈이 글자를 깨치고, 농사 정보를 나누고, 마을과 나라를 걱정하던 공간 사랑방, 그 협동심과 공동체의식은 텔레비전과 컴퓨터가 간단히 빨아먹어 버렸다.

농촌사람들은 길을 넓히고 포장을 해서 교통이 좋아지면 그 길을 따라 사람들이 많이 찾아올 것이라고 내심 기대했다. 그러나 그것은 순진한 생각이었다. 교통이 편리할수록 농촌은 빨리 붕괴됐다. 그 길을 따라서 사람들이 떠나갔다. 처음에는 인근 도시로 장을 보거나 물건을 사러 갔지만, 시간이 지날수록 모든 것을 도시에 의존하게 되었다. 몰려가 먹고 마셨다.

마을의 구멍가게나 장터의 상점들은 문을 닫아야 했다. 흥도, 정도, 돈도 도로를 따라 빠져나갔다. 그리고 도시의 여러 가지 문제들, 이른바 탐욕과 쾌락 같은 것들이 밀려 들어왔다. 여자들의 화장이 짙어졌다. 비유하자면 처음에는 노래를 부르러 노래방에 들렸다가 나중에는 노래방 도우미가 되는 형국이었다.

마을에 새로운 도로가 생기면, 인근에 신도시가 들어서면 이혼율이 갑자기 높아진다. 그래서 길이 모든 것을 삼킨다고 했다. 누군가 길이 세상을 덮으면 말세라고 했다. 길만 보이고 사람은 보이지 않으니 지금은 그래서 수상한 시절이다.

농촌을 살리겠다고 달려온 길들이 농촌을 삼키고 있다. 수많은 길에 둘러싸여 농촌은 숨이 막히지만, 그래도 여전히 새 길은 닦이고 있다. 날마다 농촌의 지도가 바뀌고 있다.

어느 마을에 가도 느티나무가 서 있었다. 마을이 오래될수록 느티나무의 자태도 늠름했다. 느티나무는 마을의 숨소리를 들으며 자랐다. 아이 울음소리, 부부가 싸우는 소리, 상여 나가는 소리, 어머니의 기도소리, 주막의 욕지거리…….

마을사람들의 태어남과 떠남도 지켜봤다. 아무 때나 그 너른 품으로 마을 사람들을 안아주었다. 몇 백 살 나이는 보통이었다. 이 땅에 천 년을 산 느티나무가 있다면 고려의 햇빛을 받고 태어나 조선의 바람을 맞았을 것이다. 동학의 함성을 들었을 것이고, 6·25전쟁의 총성을 들었을 것이다. 어쩌면 그 아래서 사상논쟁도 벌였을 것이고, 누군가는 목을 매었는지도 모른다. 마을 어귀마다 서 있는 수백 살 느티나무는 주민들의 섬김을 받으며 살았다. 사람들은 제물을 바치며 나무에게 안녕과 복을 빌었다.

그러나 사람들이 마을을 떠났다. 느티나무가 세상에 뿌리를 내

아름드리 느티나무 아래서 순례마무리로 절을 하고 있습니다.
어디를 가도 느티나무는 예전의 모습이 아닙니다.
수백 년 동안 섬김을 받고 살았는데 이제 섬길 사람이 없습니다.
태어나 뿌리를 내린 이후 인간에게 따돌림 받기는 처음일 것입니다.
나무는 실로 오랜만에 절을 받아봅니다.

린 이래 처음으로 인간에게 외면을 당하는 시대가 되었다.

　도법과 순례단은 가는 곳마다 마을의 느티나무를 쓰다듬었다. 어떤 것은 보호수로 지정되어 있었다. 그런데 참으로 이상했다. 마을을 지키는, 우람한 자태의 느티나무를 자세히 들여다보면 그리 건강하지 못하다는 느낌을 받았다. 마지못해 흐늘거리는 것처럼 보였다. 어떤 나무는 심하게 앓고 있었다. 나무를 귀찮게 하는 아이들도 없고, 그 밑에서 함부로 떠드는 청년들도 없고, 사랑을 속삭이는 연인들도 없고, 마을 재판을 열어 시끄럽게 떠들지도 않는데 느티나무는 저 홀로 힘겨워하고 있었다.

　그것은 사람들에게서 버림을 받았기 때문일 것이다. 사람들이 떠나간 마을에서는 느티나무 아래서 굿도, 제사도, 회의도, 재판도 열리지 않았다. 느티나무는 혼자서만 그 옛날을 떠올리고 있는지도 모른다. 일행 중 누군가 혼잣말처럼 말했다.

　"느티나무도 외로웠나봐."

문을 닫는 예배당

가을과 겨울에 농촌을 들르면 가슴이 시리다. 초겨울 가난한 마을에 있는 작은 교회에 들렸다. 교회 마당에는 찬바람이 그득했다. 목사의 안내로 예배당 안에 들어섰지만, 사람들의 체온을 느낄 수 없었다. 도법은 십자가 앞에서 큰절을 올렸다. 세 번 엎드려 절하는 동안 슬픔이 밀려왔다. 신도가 없는 적막한 시골교회, 도법의 눈에는 그것이 아팠다. 목사는 주민들이 떠나가는 현실을 얘기하며 곧 교회 문을 닫아야 할 것 같다고 했다. 도법은 오늘의 농촌풍경을 그림처럼 보여주는 박운식의 시 「사랑방」을 떠올렸다. 제목을 '시골교회'로 바꾸면 시골교회의 풍경이 그대로 그려질 것만 같았다.

> 모두 떠나간 빈 교회에 썰렁한 바람이 붑니다
> 교회 마당에 왁자지껄하던 아이들의 소리를 들을 수 없습니다
> 교회 골목길에 가득했던 신자들의 발자국 소리도 끊긴 지 오래입니다
> 교회 밖 빈 마을에 죽음 같은 겨울밤이 깊어갑니다
> 찬란한 십자가의 불빛도 신앙심 깊은 다정다감한 이야기도 없습니다
> 달빛이 찬 겨울밤
> 보고 싶은 얼굴들 듣고 싶은 목소리들 다 어디로 뿔뿔이 달아나고 없습니다
> 윙윙 찬바람만 텅 빈 교회 골목길을 지나가고 있습니다

푸른 논, 벼가 잘 자라고 있습니다.
자세히 살펴보면 땅 힘으로 키워 올린 것이 아닙니다.
비료와 농약이 키웠습니다.
울력으로 농사를 짓던 그 시절은 다시 돌아오지 않습니다.
새참을 나눠 먹고 막걸리를 함께 마시며
흥에 겨워 노랫가락을 뽑아내던
논두렁 인심과 신명도
다시는 돌아나지 않겠지요.
요즘은 논두렁으로 자장면과 커피를 시킵니다. _곡성에서 말을 끊은 두 사람 사이에 침묵이 흘렀다. 그 침묵 사이로 찬바람이 스며들었다. 도법이 입을 열었다.

"농촌공동체 사회가 무너진다고 해서 교회를 문 닫아야 할 이유는 없지 않습니까?"

"이웃을 내 몸처럼 사랑하지 않으면 결국 그 누구, 그 무엇도 죽을 수밖에 없는 것이지요."

"무슨 말씀이신지요?"

"연못과 연꽃을 예로 들어보겠습니다. 농촌 지역사회가 연못이라면 그곳에 자리잡고 있는 시골교회는 연꽃인 셈이지요. 연못을 떠난 연꽃은 존재할 수가 없지요. 어떤 상황에서도 연못과 연꽃은 하나의 공동운명체이지요. 연못이 고갈되면 연꽃은 시들게 되지요. 연꽃이 없는 연못은 더러운 시궁창에 불과하고요. 마찬가지로 농촌사회라는 연못이 고갈되면 교회라는 연꽃도 시들 수밖에 없지요. 그런가 하면 진리를 의미하는 종교정신을 망각한 우리 사회는 모순과 혼란과 불행의 늪이게 마련이지요. 종교인들 대부분이 입을 열면 '이웃을 내 몸처럼 사랑하라'고 하면서도 정작 교회의 이웃인 농촌사회에 대한 관심과 애정이 없었던 것이지요. 만일 교회가 교회와 농촌이 공동운명체라는 인식을 갖고 농촌사회를 지키고 가꿔왔다면 농촌이 오늘처럼 무너지지 않았을 겁니다. 농촌이 무너지지 않았다면 농촌교회가 문 닫는 일이 생길 까닭이 없었겠지요."

　도법은 할 이야기를 찾지 못했다. 정확한 지적이며 정직한 고백이었다. 교회가 이웃을 내 몸처럼 사랑하는 본연의 역할을 제대로 했다면 오늘의 농촌 붕괴는 발생하지 않았을 거라는 그야말로 '말씀'이었다. 그러나 어디 교회뿐이던가. 불교, 천주교, 원불교 등 모든 종교가 자기 역할을 제대로 하지 않았던 것 아닌가. 참으로 슬픈, 그러나 온전히 살아 있었던 한나절이었다.

위대한 유산을 묻어야 하는 시대

농업은 경제 산업이 아니라 생명살림의 산업이다. 농촌은 돈 버는 시장이 아니고 뭇 생명들의 삶을 가꾸는 터전이다. 그래서 농촌문제를 시장경제, 즉 경쟁논리로 풀려고 해서는 안 된다. 이는 더욱 꼬일 뿐이다. 나라에서 엄청난 돈을 쏟아 부어도 농촌 문제가 해결되지 못하고 농민들이 도시로 떠나는 것은 이런 논리를 동원했기 때문이다.

　누구나 농촌은 중요하다고 한다. 생명의 원천이라고 한다. 그럼에도 농촌과 고향 문제를 피상적으로 생각하고 표피적으로 접근한다. 도시 한복판에서 텔레비전 뉴스나 신문을 통해 간접적으로 느끼는 농촌 현실은 별것이 아닌 것처럼 느껴질 것이다. 관찰자의 입

가을 끝에 서면 삭풍이 불어옵니다.
바람 불고, 눈 내리고, 또 바람이 불면
논은 길게 누워 하늘을 봅니다.
그리고 다시 생명을 품습니다.
수십 년, 수백 년 동안
한 해도 거르지 않고 생명을 피워 올렸습니다.
그런데 벼를 산 채로 갈아엎는 일이 벌어지고 있습니다.
수천 년 동안 이 땅의 모든 것을 지배했던 쌀의 영화는 끝나는 건가요.
들녘은 잠들지 못합니다.

장에서 종교인, 시민활동가, 지식인들은 농촌문제가 절박하지 않다. 그러나 농촌, 그 현장에서 바라보면 처절하다. 겉으로는 고요해도 그 속에는 엄청난 소용돌이가 치고 있다. 경제성, 효율성을 앞세운 정부의 대농정책이 작은 것들, 그래서 더 아름다운 것들을 말살하고 있다. 경북 영천을 지나다가 어느 농민집회에서 도법이 연설을 했다.

"농업정책을 세우고 있는 게 누군가? 다 농민들 자식이다. 죽어라고 농사 지어서 공부시켰지만 그 자식들이 농촌을 죽이고 있지 않은가."

정말이지 농사는 위대한 것이었다. 늙고 볼품없는 땅에서 해마다 생명을 피워 올리는 경이로운 역사役事였다. 햇빛과 바람과 물에 땀을 섞는 '위대한 기술'이었다. 우리에게 쌀은 경외의 대상이고 정녕 생명이었다. 그런데 쌀이 넘쳐난다고 야단이다. 아침밥을 먹자고, 쌀을 사주자고 법석이다. 저장할 창고가 없다며 풍년도 지겹다고 푸념을 한다. 그러자 성난 농민이 논을 갈아엎고 벼를 묻어버리는 사건이 일어났다.

이제 우리에게 논은 더 이상 생명의 터전이 아니다. 들녘은 더 이상 믿음이 아니다. 수천 년 동안 이 땅의 모든 것을 지배했던 농사의 영화는 이제 끝이 보인다. 선조들은 여태껏 밥의 힘으로 일하며 자식을 키웠다. 기름이 자르르 흐르는 하얀 쌀밥에 고깃국은 꿈 같은 식사였다. 하지만 묵은 쌀을 사료로 먹이자고 하는 무엄한 시대이다. 선조들이 대대로 물려준 수천 년의 유산을 우리 시대에 묻어야 하는가. 끝내 농촌을 무너뜨려야 하는가.

  세상은 바뀐 듯 바뀌지 않았다. 행복해진 듯 행복하지 않다. 우리가 늘 싸워서 쟁취했던 승리도 지나보면 순간이다. 변하지 않는 것은 흙의 소중함, 자연에 대한 고마움이다. 그것은 생명이기 때문이다.

뒤따라 뒤질세라 덩달아

스님, 무엇을 살리셨습니까?

낮에는 가을, 밤에는 겨울이었다. 11월초, 가을걷이가 끝난 들녘을 보며 걸었다. 바람이 몹시 불었다. 잘 데가 마땅찮았다. 농민들이 농성하고 있는 천막을 찾아가 잠자리를 탁발했다. 읍에도, 시에도 농촌이면 어디나 농성시위 천막이 있었다. 순례단은 급하면 그곳으로 찾아가 몸을 뉜다. 농민들에게는 비분을 쏟아내고 한탄을 뱉어내는 공간이지만 순례단에게는 바람과 눈, 비를 막아주는 고마운 곳이다. 어느 때부터인가 이 땅에는 농민들의 농성과 집회가 익숙한 풍경이 되어 버렸다. 농민들은 농한기가 더 바빴다. 농민들은 '겨울 신선'이 아니라 '겨울 투사'가 되어 있었다.

핏발 선 분노는 술로 씻어내야 하니, 추수가 끝난 후의 농촌은 술에 취해 비틀거린다. 서로의 힘줄을 묶고 분노에 불을 지르는 농민들, 그들의 시름은 그들만의 것, 아무도 아파하지 않았다. 땅 외에는 모를 것이다. 농민들은 결국 아픔을 기르는 셈이다. 키워서 아프고, 키워서 아프고……. 봄 여름 지나 가을 겨울 오고, 봄 여름 지나 가을 겨울 오고…….

저 가을 나락 농민의 것 아니다
서울을 키운 이 들녘, 농민의 것 아니다
그러면 농사를 짓지 않아도 되나?

아니란다. 서울이 위험하단다
그것이 분한 것이다
저 빈손에서 무엇을 더 앗겠느냐

너희가 머리띠 매고 서울로 간 까닭은
윗돌 빼서 아랫돌 괴는 빚더미가 아니라
아랫돌 빼서 윗돌 괴라는 농업정책 때문이다
_이중기의 시, 「집회 현장에서 듣는다」

시위 현장에서 도법스님을 부릅니다. 스님은 그들의 이야기를 듣습니다.
들어주는 것, 그것이 보시 아닌지요. _철원에서

밤이 으슥했다. 취한 농민 하나가 도법에게 다가왔다. 그의 얼굴이 백열등만큼 붉었다.

"스님 잠자리가 누추해서 어쩝니까? 이런 데만 들러 사람들 좋은 낯꽃을 보지 못하실 테니 스님도 참 갑갑하겠습니다."

도법이 웃었다. 그러자 농민이 또 묻는다. 도발적이다.

"다 죽어가는 농촌이고 마을인데 뭘 살리시겠다고 그리 돌아다니십니까."

"다들 떠나갔지만 언젠가는 돌아오겠지요."

"스님, 택도 없습니다. 정부와 도시 사람들이 농촌을 죽이려고 아주 작정을 했습니다. 농촌 지원책이란 것도 수명 연장처방이다 이 말입니다. 새 모이 주듯 합니다. 가늘게 먹고 가늘게 싸라는 겁니다. 우리를 아주 논에다 가둬놓은 꼴입니다. 농촌은 이미 부고장 다 받아버렸습니다. 억울하고 억울합니다."

"무엇이 그리도 억울하십니까?"

"뼈 빠지게 일하고도 돈은 안 되고, 도시로 나가자니 가진 것이 없고······. 농촌에 사는 사람은 사람이 아닙니다. 도시 사람들 툭하면 억, 억 그러는데 우리는 이게 뭡니까. 억장이 무너집니다. 스님 앞에서 할 얘기는 아니지만 정말 더러운 세상입니다."

"세상이 더럽다고 어떡하겠습니까? 세상을 때려 부술 수도 없

한수진 아나운서가 찾아왔습니다.
오래 묻고 답했습니다.
길 위로 헤아릴 수 없을 정도로 많은 사람들이 찾아왔습니다.
그들은 물었습니다.
왜 순례를 하십니까? 속세는 어땠습니까? 무엇을 얻었습니까?
세상은 어디로 가나요? 생명평화는 어디에 있습니까?
도법스님은 부끄러웠습니다.
깨침은 더디고, 말하는 기술이 모자랐기 때문입니다. _담양에서고, 그렇다고 세상을 버릴 수도, 떠날 수도 없는 것 아닙니까?"

"그러니 세상을 바꿔야지요. 그래서 스님도 나선 것 아닙니까?"

"저는 이렇게 생각합니다. 예로부터 농사가 천하의 근본이라 했습니다. 진보도, 보수도 밥을 먹어야 합니다. 밥이 있어야 정치, 경제, 사회, 문화, 교육이 가능합니다. 부처도, 예수도, 대통령도, 기업인도, 과학자도, 시인도, 음악인도, 연예인도 삶을 유지하고 자신의 역할을 할 수 있습니다. '농자천하지대본'의 이유가 여기에 있습니다. 그런데 우리는 어떻게 살았습니까? 소 팔고 논 팔아서 내 자식은 죽어도 촌놈, 농부는 안 만들겠다고 공부시켰습니다. 그러니까 우리도 마음속에는 농촌과 농민을 천시하는 병이 있었다는 겁니다. 그러니 농촌이 우리 마음에서 망해가고 있었던 것입니다. 농심을 잃어버린 것이지요. 그럼 어떡해야 할까요. 앞으로는 논 팔고 소 팔아서 반드시 세상 사람의 생명을 책임지는 훌륭한 농부로 만들겠다고 해야 합니다. 진정한 농심을 찾는 것이 문제를 푸는 큰 길입니다. 농촌에 산다면 농심으로 살아야 합니다. 땅의 뜻에 따라 살아야 하는 것이지요.

농사가 좋아야 농촌에 살 수 있습니다. 이웃 인심이 좋아서, 자연이 좋아서 농촌에 살아야 합니다. 경제 논리로, 돈에 포로가 되어 농촌을 보면 이미 농촌은 끝났습니다. 농촌을 떠나는 게 옳습니다. 그러나 생명의 논리로 보면 농촌은 여전히 희망의 땅이고 미래의 공간입니다. 쌀 시장이 개방되어도 내가, 우리가 먹을 것을 생산해낸다는 기쁨이 있다면 아무런 문제가 없는 것입니다.

쌀은 돈이고, 쌀값이 곧 농민들의 삶의 질이라는 생각이 농민 여러분들을 절망으로 몰아가고 있는 것입니다. 외국 쌀이 들어오지 못하게 하는 것도 중요하지만, 더 중요한 것은 쌀은 곧 생명이기에 땅에서 생명을 피워 올리는 농사를 모두 경이롭게 여기는 것입니다. 요즘 툭하면 세계화, 세계화하는데 그것은 참으로 버릇없는 물결입니다. 아무것이나 삼켜버립니다. 그러나 그걸 겁내서는 이길 수 없습니다. 내 땅에서 보란 듯이 좋은 쌀을 생산해낸다면 그것이 곧 쌀 개방에서 이기는 것입니다.

문제는 농심입니다. 농촌에 산다는 자부심이 있다면, 농사를 짓는 것이 즐겁다면 농촌은 무너지지 않습니다. 농심이 무너지지 않으면 농촌은 끄떡없을 것입니다."

조용했다. 술 취한 몇 명은 코까지 골며 잠을 자고, 바람이 간간이 천막을 걷어찼다. 도법에게 물음으로 대들었던 사람도 한숨만을 몰아쉬었다. 가을걷이가 끝난 이 땅의 들녘에서 농악이 사라지고, 대신 구호와 고함이 난무하고 있다. 생명을 피워 올려 생명을 지켜준 은혜로운 논과 밭에 이 얼마나 불경스러운 일인가. 도법은

늦가을 순례길은 쓸쓸합니다.
어느 시인은 텅 빈 들녘에서 울음소리를 듣는다고 했습니다.
'내게 논밭을 물려주신 아버지 무덤 앞에서
1인 시위를 해야겠다' 고 했습니다.
해질녘 논과 밭 사이를 지나면 바람결마저 스산합니다. _당진에서 알고 있다. 자신의 말이 길이 될 수 없음을, 법이 될 수 없음을. 누가 이 늙고 병든 농촌에 신명을 불어넣을 것인가.

본질을 비켜나면 말이 화려하다
전국 곳곳에 공동체가 있었다. 뜻 맞는 사람끼리 새로운 터전에서 자신들의 꿈을 이루고자 모여 살았다. 그러나 꿈은 곧바로 현실이 되지 못했다. 공동체 식구들이라면 같은 밥을 먹기에 서로 소통이 잘될 것이라 믿었다. 그러나 실제는 그렇게 되지 않았다.

 어느 공동체에 들렀을 때 이야기다. 공동체 사람들은 밭을 일궈 콩을 심었다. 그런데 잎은 무성한데 콩은 익다가 말았다. 늦가을이라 콩을 수확하기는 이미 틀린 셈이었다. 사정이 그러하니 점심을 탁발하기가 미안했다. 그래도 순례단은 얼큰한 찌개에 낮술까지 탁발했다. 취기가 돌자 공동체 사람 몇이서 세상 탓을 하기 시작했다. 끝내는 빌어먹어도 도시에서 살 것을 괜히 내려왔다고 했다. 그러나 여물지 않는 콩을 탓하여 무엇을 얻을 것인가.

 그들은 농사를 그냥 짓기만 하면 되는 줄 알았다. 그저 씨 뿌리고 김을 매면 열매가 열리는 줄 알았다. 물 주고, 거름 주면 저절로 크는 줄 알았다. 그러나 그들은 농부가 자연을 읽고, 자연과 교감하는 최고의 기술자임을 알지 못했다. 농사를 아무나 지을 수 있다는 생각 자체가 어리석고, 준비 없이 공동체를 이루려 한 것이 미련했다. 농촌과 농민을 우습게본 것이다.

또 일부 귀농자들은 시골에서도 '편하고 멋있게 그리고 우아하게' 살려고 했다. 수세식 변기를 설치하고, 음악을 들으며 좋은 음식을 먹으려 했다. 논과 밭일은 거의 소일거리로 여겼다. 일은 안 하면서도 목가적으로 살려고 했다. 모닝커피를 마시고, 맑은 공기로 몸과 마음을 씻고, 해질 무렵에는 노을을 밟으며 산책을 하려고 했다. 그러나 그래서는 농촌으로 돌아온 의미가 없다.

아무나 농촌에서 살 수는 있겠지만, 아무나 농민이 될 수는 없다. 아버지가 농민이었다면, 농민의 자식이라면 더듬어보라. 틈만 나면 들에 나가 논을 지키시던 아버지. 피 뽑고, 김매고, 쓰다듬고, 보듬고, 거름 주고, 약 뿌리고, 맘 졸이고 애태우며 벼를 키웠다. 단순한 노동이 아니었다. 늙고 볼품없는 땅에서 해마다 생명을 피워 올리는 경이로운 작업이었다. 햇빛과 바람과 물에 땀을 섞는 위대한 기술이었다. 그런데 어찌 한두 해 만에 그 기술을 습득할 수 있겠는가. 어찌 단번에 수확의 기쁨을 맛볼 수 있겠는가. 농사를 망쳤다고 어찌 씨앗과 땅과 천기를 탓할 수 있겠는가.

농민들의 농성장을 찾아가 그들과 밤을 새우며 이런저런 이야기를 나눌라치면 도법은 서글퍼진다. 그들은 돈의 노예가 되어 있었다. 모든 삶의 가치를 경쟁에 두고 있었다. 남과 비교하고 도시와 견주어 생각했다.

도법이 보기에 그들은 자기네 주장대로 살지 않고 있었다. 구호를 외치면서도 그 구호대로 살지 않았다. 알면서도 행동하지 않았다. 그렇다면 그들은 그토록 용기가 부족하고, 양심이 없고, 약삭빠른 것일까. 그렇지 않다. 그들이 잘못 알고 있기 때문이다.

'진리가 너희를 자유롭게 하리라'는 성서의 말씀이 있네. 세계의 창조질서인 진리를 참되게 알면 그 순간 그대의 삶이 자유롭게 된다는 뜻이네. '나의 존재의 실상을 꿰뚫어보는 순간 즉시 해탈의 삶을 누리게 된다'고 하는 반야심경의 가르침이 있네. 존재의 질서인 진리를 참되게 꿰뚫어보면 그 순간 해탈의 삶이 실현됨을 의미하네. 문제의 핵심이 분명해졌네.

창조질서, 존재의 질서로 표현되는 진리의 참된 앎이 문제의 본질이네. 진리를 참되게 알면 언제 어디에서나 행동하지 않을 수 없음을 온몸으로 보여준 삶이 예수와 붓다의 삶이네. 그들로 하여금 행동하지 않을 수 없도록 만든 참된 앎은 어떤 것일까. 붓다는 '중도'의 길이라 했고, 정약용은 '실사구시'라고 했네. 중도란 지금 여기서 볼 수 있고, 실현되고, 증명되는 길을 뜻하네. 즉 존재의 진실을 온전하게 아는 것을 의미하네.

코끼리 한 마리를 놓고 시비하는 소경들 이야기가 있네. 그들은 왜 싸우는가. 코끼리의 실상을 제대로 알지 못하기 때문이네. 만일 눈 뜬 자라면 코끼리가 어떻게 생겼느냐 문제로 싸우는 일은 없을 것이네. 왜 그럴까? 코끼리의 실상을 잘 알기 때문이네. 생각해보게나. 코끼리를 잘 아는 사람이 코끼리 문제로 피 흘리며 싸우고 있는 소경들을 보고도 가만히 있을 수 있겠는가? 결코 그럴 수 없을 것이네. 싸움을 해결하기 위해 온몸으로 노력할 것이네.

앎이 참되면 행동하지 않을 수 없네. 참되게 알면 행동은 저절로 나오게 되네. 행동하지 않음, 함부로 행동함의 문제는 우리의 지식이 참되지 않기 때문이네. 새로운 문명으로서의 생명평화의 삶은 존재의 실상에 대한 참된 앎을 통해서만 가능하다는 사실에 눈 떠야 하네. 그런 의미에서 행동하지 않음을 탓하기에 앞서 우리의 지식이 참되지 못함에 대한 뼈아픈 성찰이 있어야 되겠네._도법의 순례일기

본질을 비켜갈수록 말이 화려하다. 돈을 많이 갖고 싶다, 좋은 음식에 고운 옷을 입고 싶다, 이름을 높여 만인을 발아래 두고 싶

사람들은 문제의 핵심을 놔둔 채 지엽적인 얘기를 꺼냅니다.
본질을 말하면 상대에게 들킨다는 생각을 합니다.
진실을 덮고 그럴듯한 명분을 내세우며 위선과 타협합니다.
핵심을 벗어난 말들이 세상을 어지럽히고 있습니다.
맨발로 걸어보십시오. 당신은 무엇에 찔리십니까? _산청에서

다, 여자를 갖고 싶다. 그렇게 솔직히 얘기하는 사람은 드물다. 탐욕, 분노, 어리석음을 버리지 못했으면서도 이를 얘기하지 않는다.

　순례길에서 만난 사람들은 본질을 놔두고 에둘러 이야기한다. 문제를 부풀리기만 했지 핵심은 꺼내지 않는다. 문제 속에 다른 것들이 있기 때문이다. 말하지 않고 말하려 하니 말이 어렵다. 도법은 사람들 이야기 속의 군살을 제거해야만 했다. 그것은 서로 괴로운 일이었다. 어렵게 이야기하는 것, 복잡하게 이야기하는 것은 말을 꼬는 것이다. 사실은, 진실은 쉽고 명쾌하다.

　그 어떤 이론도 구체적인 삶으로 녹아들지 않으면 관념의 유희에 불과하다. 나뭇잎이 떨어졌으면 겨울이 오고 있음이다. 그 겨울을 무시하고 달랑 매달려 있는 나뭇잎 속으로 들어갈 수 없다. 지금 이 순간을 벗어난 논리는 이미 논리가 아니다. 참된 논리(말)는 구체적인 현장에 있어야 한다.

　관념화된 말은 문제를 더욱 왜곡시킨다. 문제를 추상적으로 풀려 하면 모순과 혼란만 더 가중된다. 문제는 더 복잡해지고 어려워진다. 핵심의 고리에서 풀려난 말들이 세상을 어지럽히고 있다. 온갖 명분과 대의로 포장되어 있지만, 그 속에는 탐진치貪瞋癡가 똬리를 틀고 있다. 실로 무섭다.

　왜 우리는 자기모순에 빠질까. 행복해지고 싶은데 행복해지지 않고, 싸우고 싶지 않은데 싸워야만 하는가. 삶이 윤택해져야 하는데 왜 갈수록 척박해지는 걸까. 그것은 진리를 보지 않고 미망을 좇기 때문이다.

　사람들이 정체성을 잃어버렸다. 어떻게 사는 것이 잘사는 것인지 알지 못한다. 그냥 휩쓸려 살고 있다. 남이 가방 메면 뒤따라 메고, 머리 볶으면 뒤질세라 볶고, 남이 먹으면 덩달아 먹는다. 뒤따라, 뒤질세라, 덩달아 함께 간다. 내 것이 없다. 개인적으로도, 사회적으로도 그렇다. 자기 자신, 자기 마을, 자기 나라에 대해서는 잘 모른다. 개인과 집단의 다양성이 사라지고 있다. 지역사회는 자연, 생태, 역사를 잃어버리고 어디서나 대도시의 한 귀퉁이가 되어가고 있다. 그 지역만이 지닌 향기와 색깔을 지니고 있지 못하다.

　'미망의 꿈 속 삶'을 '깨달음의 꿈 밖 삶'으로 바꾸는 길, 그 길은 멀고 험해 보였다.

봄날 찰나의 햇살

살아서 만났지만 다시 아팠다

천성산을 지켜달라며 단식기도를 올렸던 지율스님이 찾아왔다. 지율의 단식투쟁에도 천성산에는 터널이 뚫렸다. 지율도 어찌 보면 길 위를 서성이고 있었다. 2005년 4월 4일, 전남 보성군 대원사. 도법은 보성군 순례를 마치고 쉬고 있었다. 바람 부는 봄날 오후, 햇살이 대숲에서 부서졌다.

지율이 경상도에서 전라도로 넘어오는 것은 보은의 나들이였다. 지난해 말, 도법은 단식을 하는 지율이 생과 사를 넘나든다는 소식을 길에서 주워들었다. 순례를 멈추고 상경했다. 어떻게든 지율을 살려야 했다. 지율은 생명을 내놓고 누워 있었다. 도법은 단식을 풀라고 했다. 지율은 말없이 고개를 저었다. 도법은 탄식을 쏟아냈다.
"이럴 때 부처는 어떻게 했을까. 이럴 때 부처는 어떻게 했을까."
 그리고 동조 단식에 들어갔다. 마침내 지율이 단식을 풀었다. 지율의 생명을 지켜낸 후 도법은 다시 탁발순례길에 올랐다. 천성산에서 그곳의 생명을 보듬고 있는 지율이 몇 번을 망설이다 도법을 찾아갔다. 도법의 얼굴은 햇빛에 그을려 꺼칠했다. 감기까지 걸려 있었다. 지율은 단식 후유증이 가시지 않아 수척했다. 얼굴에는 깨알처럼 작은 반점들이 수없이 박혀 있었다. 입술도 부르텄다. 두 사람의 만남에는 기쁨보다 아픔이 진하게 배어 있었다. 서로 웃지만 그 속에는 많은 것이 담겨 있었다. 두 스님의 흰 웃음을 그냥 웃음으로 볼 수 없었다. 지율이 온다는 기별을 들은 도법은 연꽃차와 과자를 준비하고 기다렸다.

지율: 기다리셨는지요? 길을 몰라 터덕거렸습니다. 앞으로 바빠질 것 같아 인사드리러 왔습니다.
도법: 몸은 어떠신가?
지율: 크게 아픈 데는 없습니다.
도법: 타고났구먼. 타고났어.
지율: 어깨가 아프고…… 풍이 약간 왔나 봅니다. 하지만 마음이

도법스님이 지율스님을 맞습니다. 살아서 다시 만났습니다.
단식 중인 지율을 살리려고 순례를 접고 달려갔던 일이 떠올랐습니다.
아직도 천성산을 붙들고 있는 지율이 안쓰러웠습니다.
바람 부는 봄날 오후, 대원사의 대숲이 길게 울었습니다. _보성에서 더 아픕니다. 사는 것이 힘이 듭니다.

  도법: 쉬운 길 하나 일러줄까? 나랑 임무를 바꿔보면 어떤가. 나는 천성산을 지키고, 지율은 탁발순례를 하고.

  지율: 천성산 지키는 것 외에는 자신이 없어요. 재주도 없고, 용기도 없고. 그런데 단식 풀자마자 기다렸다는 듯 언론이 마구 때리더군요. 마치 마녀사냥을 하듯. 안티 사이트가 스무 개나 생기고……. 단식보다 힘들었어요.

  도법: 내 생각은 이래요, 이제 지율은 좀 쉬었으면 해. 천성산 문제는 시민단체에 맡기고 뒤에서 역할을 맡는 게 어떨까 싶어. 또다시 전위에 서면 어려운 일이 많을 것 같구먼.

  지율: 스님, 저는 한길밖에 모릅니다.(그때 보살이 요사채에 들어와 지율에게 절을 올렸다. 지율이 어쩔 줄 몰라 했다.)

  도법: 불교는 체념하는 종교지. 체념은 달리 말하면 달관이야.

  지율: 저도 체념이 뭔지 이제 알겠습니다. 자신한테 체념하고 있습니다.

  도법: 문제를 푸는 방법도 여러 가지지.

  지율: 저는 의지력이 약해서 자신에게 다짐을 합니다. 산과 맹세도 하고, 나무와 대화하면서 저 자신을 채찍질했습니다. 굴참나무에게도 "나무야 도와줘, 그러면 내가 너희를 돕겠다"고도 했습니다.

도법: 약속했다고 다 지킬 수는 없지.

지율: 저도 때로는 지키고 싶지 않습니다. 너무 힘들 때가 많아서지요.

도법: 딱한 일이야. 곰곰 따져보면 싸울 상대는 오히려 우리 내부에 있는지도 모르지. 승가도 더 큰 것, 더 화려한 것, 더 편리한 것, 더 풍요로운 것을 위해 곳곳에서 불사들을 벌이고 있잖은가. 불사란 이름으로 환경들이 파괴하는 것이 엄연한 현실인데 이를 덮어두고 남을 꾸짖을 수는 없다는 말이야. 자연, 생태는 어디에 있든 중요한 것이지. 부처는 절집을 위해 자연을 죽이라고 가르치지 않았거든. 우리가 싸울 상대는 우리 자신이지. 그런데 그것이 쉽지 않으니….

지율: 천성산에 내려갔더니 그 장엄한 화엄벌에 체육 시설을 만든다고 해요. 2백 억을 들여 산 정상까지 자동차 길을 만든다고 합니다. 정말 어처구니가 없었습니다. 단식 때 왜 산이 나를 데려가지 않았는지, 거기엔 이유가 있었구나 생각했습니다.

도법: 모든 지방자치단체가 다 똑같아. 주민이 원하면 무엇이라도 하지. 대통령도 어쩔 수 없어. 표 가진 사람들이 원하는 걸 어쩌겠는가. '더 많이, 더 편리하게.' 모두 그것들만 좇고 있어.

지율: 화엄벌을 인간이 짓밟는 행위를 두고 신문에서는 '양산

"쉬운 길 하나 일러줄까. 나랑 임무를 바꾸면 어떤가.
나는 천성산을 지키고, 지율은 탁발순례를 하고."

"우리는 힘이 없습니다. 가지고 있는 것은 신념과 희망뿐입니다.
제가 할 수 있는 것은 기도뿐입니다."

발전 10년 앞당겼다'는 제목을 달아 부추겼습니다. 천성산을 싸구려 관광지로 만들지 않겠다고 약속한 사람들은 다 어디로 갔는지 보이지도 않아요.

    도법: 이 시장이 저 시장이고, 이 군수가 저 군수고, 이 대통령이 저 대통령이지. 끝없이 개발성장 정책을 밀어붙일 뿐이야. 모든 산하가 그 정책에 부서지고, 그중 아주 작은 하나가 천성산이지. 천성산이나 새만금을 넘어서는 큰 흐름이 있어 이를 바로 잡아야 하는데……. 아무래도 성숙해진 시민 사회에 기대를 걸어야 할 것 같아. 자연, 생태계, 농촌, 농업, 민중 등을 아우를 수 있도록 역량을 결집해야 해. 그래야 정부를 설득할 수 있지. 하나하나 흩어져 싸워봐야 성과가 없어. 순례하며 그걸 느꼈지. 장기적 비전을 가지고 역량을 모아야 해. 그래야 희망이 생기지. 희망은 있는 것이 아니야. 만들어가는 것이지.

생명평화 287번째의 등불

지난겨울, 단식 현장을 찾아갔을 때 지율은 생을 버릴 작정을 하고 있었다. 상태가 매우 위중했다. 도법은 지율을 살려달라고 호소했다. 특히 종단에 특단의 대책을 세우라고 촉구했다. 한시가 급했다. 지율의 목숨이 금방 녹아 사라질 한 송이 눈처럼 보였다.

눈발이 날리고 있다. 대지 위에 떨어지는 흰 눈이 녹아 자취도 없이 사라진다. 지율스님이 죽어가고 있다. 스르르 녹아 사라지는 눈처럼 지율스님의 목숨이 잦아들고 있다. 금방 끊길 듯한 지율스님 생명의 흔들림을 바라보며 대중이 발을 구르고 있다.

지율스님의 생명은 우리 사회의 모든 생명을 상징한다. 지율스님의 목숨은 우리 모두의 목숨을 의미한다. 지금 온 세상을 좌지우지하는 경제성이라는 악마의 손에 붙잡혀 우리의 생명이 목 졸리고 있다. 삶을 황폐화시키는 경쟁력이라는 귀신에 쫓겨 대중의 생명이 천길 나락으로 내몰리고 있다. 목 졸리는 생명이 제발 살려달라고 절규하며 몸부림치고 있다. 생명의 절규를 나 몰라라 하는 국가, 사회의 존재 의미는 무엇인가? 생명의 호소에 응답하지 못하는 우리의 삶은 무슨 의미가 있는가?

머뭇거릴 시간이 없다. 삶을 평화롭게 하는 생명의 소리에 순종해야 한다. 이해타산을 따져서는 안 된다. 즉시 삶을 아름답게 하는 생명의 빛깔을 존중해야 한다. 뒤돌아볼 필요가 없다. 당장 생명의 본래 길인 한몸, 한 생명의 길을 의연하게 가야 한다. 지율스님의 아픔은 우리 시대의 슬픔이다. 지율스님의 죽음은 그대로 우리의 불행이다. 지율스님의 비극은 우리 사회의 수치이다. 엄숙하게 자신을 향하여 물어야 한다. 생명의 호소에 응답하지 못하는 정부와

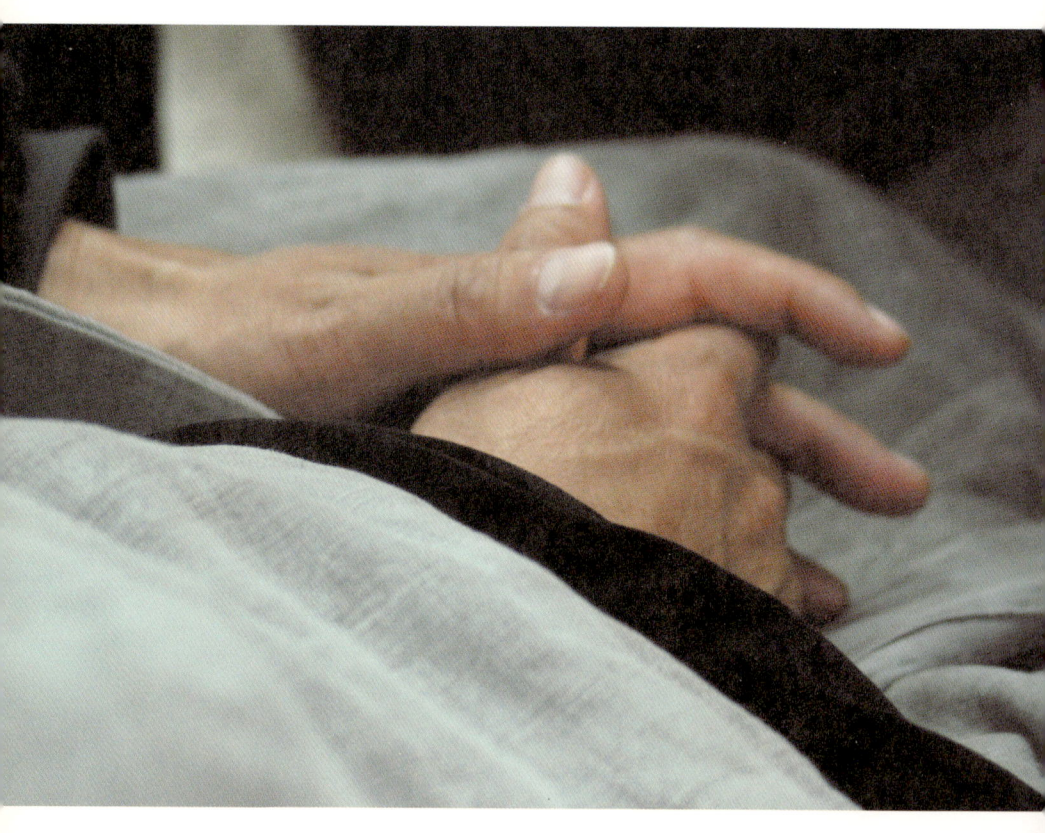

"고속철도가 천성산의 심장부를 관통할 거라고 했을 때 산이 도와달라는 소리를 들었고, 도와주겠다고 약속했습니다. 그건 늪가의 아주 작은 벌레와 이름 모를 꽃들에게 한 약속이었으며, 숲을 지키는 새들과 달아나는 고라니를 향해 저도 모르게 중얼거린 약속이었습니다."

사회가 무슨 소용인가? 참 생명의 길을 가지 않는다면 민주사회란 무엇을 하자는 것인가?
우리의 친구인 지율스님이 죽어가고 있다. 우리 시대 생명의 대변자인 지율스님이 숨넘어가고 있다. 생명의 소리를 경청하지 않음으로 인해 벌어지는 지율스님의 아픔을 보며 우리 모두 절망하고 있다. 생명의 길을 가지 않음으로 인하여 잦아드는 지율스님의 숨소리를 들으며 우리 모두 망연자실하고 있다.

도법은 언론에 이렇게 호소하면서 누구든 만났다. 다행히 공명이 있었다. 나라의 높은 사람들이 천성산 터널공사를 중단하겠다고 약속을 했다. 환경영향평가를 다시 하겠다고 했다. 그러자 지율이 단식을 풀었다. 당시의 지율은 검불처럼 가벼웠다. 지율이 단식을 풀자 공사를 강행하려는 업자들과 이들을 비호하는 권력은 조금씩 다른 말을 하기 시작했다. 지율과의 약속은 조금씩 변질되기 시작했다. 사람마다 얘기가 다르고 서로 책임을 떠넘겼다. 인터넷에 안티 사이트를 만들고 조직적으로 지율에게 저주를 퍼부었다. 다시 지율은 하늘을 쳐다봤다.
지율은 내원사의 비구니로 산의 가르침을 받던 천성산의 딸이었다. 그러던 어느 날, 천성산이 우는 소리를 들었다. 천성산이 뚫리면 죽어갈 생명붙이들. '나를 품어주던 천성산이 울다니······.' 지율은 선방에서 들은 나무들의 비명에 이끌려 절집을 나왔다. 생명붙이를 지켜주는 어미가 되겠다고 천성산과 약속했다. 그러나 처음에 지율을 성원하고 함께 울어주던 단체와 사람들이 하나 둘 떠나갔다. 지치거나 회유에 넘어갔다. 어느 날 보니 혼자 남아 있었다. 아무도, 아무것도 없었다. 딱 하나 목숨뿐이었다. 그래서 생명을 걸었는데 저들은 지율을 다시 속이고 있었다. 그래서 지율은 도법에게 투정을 부리고 싶었다. 그 앞에서 울고 싶었다. 그 마음을 도법이 왜 헤아리지 못하겠는가. 도법과 지율은 아팠다.

지율: 시민단체가 너무 이성적인 훈련을 많이 받은 것도 문제 같습니다. 동화와 전설이 잊혀지고 있습니다. 시민운동이 너무 메마르고 정치적이에요.

도법: 문제를 풀려면 싸우더라도 분노와 증오심 없이 싸워야 해. 승부욕으로 문제를 다루면 유연함도 떨어지고 절충의 여지도 없게 되지. 운신의 폭이 좁아진다는 말이야. 새만금만 해도 그 속에 자연생태적 아픔과 전북 도민의 아픔이 함께 녹아 있지. 전북 도민의 개발욕구는 역대 정권에서 계속 소외된 한이 맺혀 있기에 피 맺힌 아픔이라 할 수 있어. 새만금 개발이 옳으냐, 그르냐와는 별개야.

지율스님은 천성산이 울고 있는데
혼자 따뜻한 방에 지낼 수 없다며 절집을 나섰습니다.
산을 살리려면 산을 내려와야 했습니다.
차가운 거리에서 하나뿐인 생명을 내놨습니다.
가진 것은 목숨 하나뿐이었습니다.
산의 정기를 받은 딸이 산의 어미가 된 것입니다.
그러나 천성산은 뚫렸습니다.
스님은 생명의 터전을 잃어버린 도롱뇽처럼
산촌에 스며들어 생명을 위해 기도하고 있습니다.
우리 생명평화의 기도는
언제 하늘에 닿아 다시 이 땅에 내려올까요.

이런 아픔을 어떻게 치유할까라는 성찰을 하지 않으면 그것 또한 대안 없는 환경운동이라는 말이지.

지율: 4년간 지켜봤는데 저들은 99개를 개발하고도 하나 남은 것을 또 개발하려 합니다. 저는 40만 원을 보시 받아서 한 달을 쓰는데, 저들은 천문학적인 돈으로 모든 것을 부수고 있습니다. 그 벽이 너무 거대해서 말 그대로 절망입니다. 어떤 공사 책임자는 우리더러 "귓대기 피도 안 마른 것들이 떠든다"고 했어요. 정말 우리는 힘이 없습니다. 오직 가지고 있는 것은 신념과 희망뿐입니다. 할 수 있는 것은 기도뿐입니다.

도법: 알아, 알고말고.

지율: 누구랑 어떻게 얘기를 해야 할지도 막막합니다.

도법: 이제 종교·시민단체가 나서서 지율스님 시름을 없애줘야 할 텐데……. 새만금만 해도 방법이 없지 않아요. 새만금은 한편으로는 생태적 가치를 살리면서 지역경제에 기여할 수 있도록 대안을 찾고, 또 한편으로는 전북 도민이 납득할 수 있는 경제 활성화 대책을 별도로 세우면 풀릴 수 있지. 시민 사회가 접점을 찾아줘야 하는데, 그게 아쉬워.

지율: 그동안 환경연합 등 시민단체와도 각을 세웠습니다. 이유야 어떻든 안타깝습니다. 저는 환경운동을 하면서 제 안에 있는 악

을 느꼈습니다. 사회가 요구하는 것이 이런 악이었나 하는 생각에 참담했습니다.

도법: 그건 그런 게 아닐 게야. 성장하는 것이지.

지율: 저는 이제 세상을 희망의 눈으로 봅니다. 천성산을 지키자는 결심도 그동안 세상에 탐닉했던 벌이며, 누려온 사람의 책임감에서 비롯되었다고 생각했습니다. 저는 나무와 숲을 눈으로 키웠습니다. 그러다 보니 나무뿐 아니라 사람에 대해서도 장점과 긍정적인 점을 보고 찬탄하게 되었습니다. 감사한 마음이 생겨났다는 것이 너무 고맙습니다.

이야기는 저녁 공양까지 이어졌고 이내 밤이 찾아들었다. 대원사의 대숲은 밤새 울었다. 이윽고 대원사에 아침이 왔다. 모두 떠나야 한다. 도법은 지율에게 '생명평화'의 등을 주었다. 순례길에 나눠주는 등, 지율은 278번째의 등불이었다. 도법은 그 등에 이렇게 적었다.

'생명의 몸, 평화의 마음으로 물결쳐 흐르길 두 손 모읍니다, 순례자 도법.'

도법은 따르는 무리와 함께 장흥으로 떠났다. 다시 밥그릇에 생명을 의탁하는 탁발순례길에 올랐다. 순례를 마치려면 아직도 멀었다. 지율은 다시 천성산으로 떠났다. 천성산을 지키는 일은 힘하고 힘하다. 과연 천성산과 그 속의 도롱뇽은 건강할 것인가. 그리고 지율은? 예쁜 절, 대원사에는 부처만 남았다. 도법과 지율은 언제 다시 만날 것인가. 서로 까만 얼굴 쳐다보며 언제 함께 웃어 볼 것인가. 양양의 산불이 낙산사를 덮친 그 시각이었다.

엎드려 학살의 땅에 입 맞추다

고향, 물을 수 없는 물음들

제주도 순례길은 도법에게 각별했다. 자신의 태를 묻은 곳이기 때문이다. 고향을 떠나 어머니와 뭍으로 올 때가 기억난다. 새로운 세상을 볼 수 있다는 설렘도 있었지만 두려웠다. 배를 타고 멀어지는 한라산을 바라볼 때 참으로 많은 생각이 났다. 유년 시절은 쓸쓸했다.

예닐곱 살 때, 마을을 지나던 탁발승과 마주쳤다. 스님은 도법을 한참 바라봤다. 그러더니 도법을 앞세우고 마을로 내려섰다. 탁발승은 어머니에게 말했다.

"이 아이를 절로 보내시오."

신심이 깊었던 어머니는 도법을 절로 보내야겠다고 마음먹었다. 그리고 바다를 건너와 절 옆에 거처를 마련했다. 그 절이 모악산 자락을 깔고 앉아 있는 금산사다.

도법이 유년 시절을 보낼 때 제주도는 무서운 섬이었다. 어딜 가도 무시무시한 소문이 떠돌고 핏빛 사연이 웅크리고 있었다. 바로 4·3항쟁 때문이었다. 주민들은 누구도 믿지 않았다. 누구도 그때 일을 입에 올리지 않았다. 죽일까봐, 죽을까봐서 땅만 내려다보고 걸었다. 사람 죽이는 것이 아무 일도 아니었다. 살아남은 자들은 큰 소리로 울 수도 없었다. 아귀들의 시간이었다. 상처는 아물지 않았고 섬 전체에는 살기가 가시지 않았다.

도법이 왜 내게는 아버지가 없느냐고 물었지만 어머니는 가르쳐주지 않았다. 도법 또래는 아버지가 없는 아이가 더 많았다. 그래서 아버지가 없는 것이 그리 이상하지 않았고, 기죽을 일은 더구나 아니었다. 그러다 어느 날 어머니는 도법에게 말했다.

"너희 아버지는 난리 통에 병환으로 돌아가셨다. 네가 내 뱃속에 있을 때 일이다. 누가 물으면 병환으로 돌아가셨다고 대답해야 한다."

도법은 아무 말도 할 수가 없었다. 그토록 피가 튀고 비명이 산을 이뤘지만, 한라산은 인자했고 수많은 오름들은 부드러웠다. 어린 도법에게는 그것이 이상했다.

절밥을 먹으며 부처를 모시고 산 지 어림 40년이 되어 다시 고향을 찾았다. 도법은 제주도를 돌면서 억울한 죽음들을 일으켜 세워 보듬기로 했다. 학살의 현장을 찾아가 무릎 꿇고 그 사연들을 듣기로 했다. 그간 부처 앞에 엎드려 간구해서 얻은 조그만 법력이 있다면, 아니 부처께서 그런 능력을 특별히 내려준다면 그것으로 그 원혼들을 씻겨주고 싶었다.

반세기가 훨씬 지났어도 제주도는 4·3항쟁의 상처가 그대로 남아 있었다. 우선 제주공항 부지가 학살의 현장이었다. 공항 확장공사를 하려고 땅을 파자 활주로 밑에서 유골들이 드러났다. 주민 300여 명이 죽은 곳이었다. 그 주검을 밟으며 사람들은 비행기에 오르거나 내렸던 것이다.

제주 속냉이골무덤에 들렀다. 무덤의 사연은 이랬다. 1949년 1월 9일을 전후해 주민 100여 명이 군인들에게 붙잡혀 의귀초등학교로 끌려갔다. 그리고 다음 날 산사람(빨치산)들이 주민들을 구출하려고 한다는 소문이 돌았다. 주민들을 구출하러온 산사람 15명은 지붕 위에서 그들을 기다리던 군인들의 기관총 세례를 받고 모두 숨졌다. 그들의 주검은 근처 밭에 던져졌고 몇 줌의 흙으로 덮어졌다. 바로 그 산사람 15명이 묻힌 곳이 속냉이골무덤이다.

속냉이골에는 꽃들과 풀들이 무성했다. 하지만 죽은 사람들이

고목이 이끼와 이름 모를 꽃에게 제 몸을 허락했습니다.
생명이 스러지면 또 다른 생명이 자랍니다.
계절이 계절에게 먹히며 화해롭게 몸을 섞는 것과 같습니다.
계절이 다시 오듯이 저 고목도 어느 곳에 새 싹을 내렸을 겁니다.
세상은 돌고 돕니다.
인간이 두른 사상이나 이념의 옷은 금방 헤져서 미풍에도 알몸이 됩니다.
한 줌도 안 되는 논리로 사람을 죽였던 야만의 역사,
아직도 피 흘리는 시간들을 이제 그만 덮어줘야 합니다. _제주에서

할머니가 머리를 숙였습니다.
사람도, 나무도, 풀도, 하늘도 숨을 멈췄습니다.
지난 세월과 그 속의 기막힌 사연들을 비로소 듣습니다.
할머니는 억울한 죽음보다 더 억울하게 살았지만,
살아 있음이 미안합니다.
모여 있는 모두가 미안합니다.
하지만 살아 있어 이렇듯 죽은 자를 추모할 수 있고,
살아 있어 서로 용서할 수 있습니다.
할머니의 굽은 허리를 쳐다보기가 죄스러웠습니다. _제주에서 그것을 알까. 유족은 빨갱이로 몰려 화를 입을까봐 그 누구도 무덤을 찾지 않았다. 순례단은 무덤을 뒤덮고 있는 가시넝쿨을 걷어냈다. 봉분도 손질했고, 역사의 진실을 기록한 팻말도 세웠다. 조촐하지만 위령제를 올렸다. 모두 아픈 가슴을 어루만져야 했다. 원래 이 일대는 신선마루터로 불렸다. 그들은 신선의 놀이터를 피로 물들인 것이다.

천도재를 지내고 묘 주변을 염불을 하며 도는데 갑자기 까마귀 두 마리가 날아와 함께 무덤을 돌았다. 그리고 측백나무 위에 앉아 순례단 무리를 지켜봤다. 재를 다 지내고 음복을 하자 까마귀들이 일제히 날아오르더니 다시 무덤 주위를 몇 번이고 돌다가 날아갔다. 저 까마귀들도 그날의 일을 아는 것일까. 아니면 죽은 자들의 전령일까.

제주 다랑쉬굴의 참사는 더욱 끔찍했다. 1948년 다랑쉬굴에 피신해 있던 민간인들을 죽이려고 군·경 토벌대가 굴 입구에 불을 놓았다. 사람들은 연기를 마시며 참혹하게 죽어갔다. 희생자들은 모두 4·3이란 '미친 바람'을 피해 마을을 빠져나온 주민들이었다. 하루하루를 깜깜한 굴속에서 불안에 떨며 지내다 비명도 내지르지 못하고 죽어가야 했다. 당시 시신을 수습해서 보니 그들의 마지막 모습은 너무 처참했다. 땅 속에 코를 박은 사람, 눈 코 귀에서 피가 난 채 목을 감싸고 있는 사람, 땅을 파느라 손톱이 없는 사람. 얼마나 고통스러웠겠는가. 당시에는 순경이 염라대왕보다 무서웠다고 한다.

제주 조천읍 북촌리에서는 4·3 당시 이틀 동안 480명이 희생당했다. 1949년 1월7일, 무기를 싣고 가던 트럭을 마을의 젊은이들이 습격, 경관 두 명이 숨졌다. 이에 대한 보복으로 군·경은 마을에 불을 지르고 300가구 주민 1,000여 명을 북촌초등교에 집결시켰다. 그리고 군인, 경찰 가족을 골라내더니 나머지 주민들을 모조리 죽이기 시작했다.

북촌초교에서 조금 떨어진 옹팡밭에 20여 기의 애기무덤이 있다. 옴팡밭에서 죽은 아이들의 사연은 듣는 이의 살이 떨릴 지경이었다.

연대장이 자동차로 제주 시내를 구경시켜준다고 했다. 아이들은 자동차가 타고 싶어 너나없이 모였다. 그러자 그 아이들을 데리고 가서 죽였다. 그때 군인들의 손에는 대창이 들려 있었다.

군인들은 아무나 아무 곳에서나 죽였다. 산, 고지, 방공호, 동굴, 모래밭, 교정, 바다, 숲 속, 길, 밭, 집에서 죽였다. 제주 모슬포의 양 비행장, 정방폭포, 천지연 등에서도 죽였다. 찔러서, 태워서, 목

졸라서, 산 채로 묻어서, 치어서, 질식시켜서, 물에 처넣어서, 때려서 죽였다.

찾아가는 마을마다 4·3항쟁의 현장이었고 죽은 희생자들의 묘가 있었다. 성산 일출봉, 함덕백사장 등 빼어난 관광지 역시 학살의 현장이었다. 관광객들이 사진을 찍으며 그 빼어난 풍광을 담아가지만, 그 속에는 희생자의 억울한 사연도 함께 찍혔다. 다만 우리가 여태까지 4·3항쟁을 외면해 왔기에 그들도 숨어버렸을 뿐이다.

하지만 그때 그 '도륙의 시간'은 역사에서 영원히 지워지지 않을 것이다. 반세기가 넘도록 인간 대신 폭포의 힘찬 물소리가, 찬란한 햇살이, 구성진 파도소리가 피의 현장을 씻어냈겠지만 그 비극이 어찌 그리 쉽게 지워지겠는가.

도법은 아버지를 떠올렸다. 지금까지 학살의 현장을 찾아서 제주도 곳곳을 두루 돌아다니며 천도재와 위령제를 올렸지만, 과연 아버지를 만났을까. 못 만났다면 아버지는 어디 계신 것일까. 도법은 흔들렸다. 그러나 어쩔 수 없었다.

'어떤 모습으로 세상을 뜨셨을까. 고통스럽지는 않으셨을까. 바랑 하나 메고 빌어먹는 나를 보시면서 무슨 얘기를 하고 싶어하실까. 이제는 아버지가 돌아가실 때보다 내가 더 나이를 먹었는데,

나는 제대로 살아온 것일까. 내가 한 일은 무엇일까.'
 도법은 제주에서 내내 죽음을 품고 다녔다.

살아 있음이 죄였다, 그냥 죽어야 했다

6·25전쟁이 한창일 때, 인민군 차림의 군인들이 담양 읍내로 들어섰다. 군인들은 국군에게 협조한 놈들을 찾아내겠다며 마을을 들쑤시고 다녔다. 그리고 인민군을 환영하는 사람들은 모두 운동장으로 모이라고 했다. 시간이 흐르면서 주민들이 하나 둘씩 운동장으로 모였다. 그러자 군인들이 인민군복을 벗어던졌다. 그들은 변복한 국군들이었다.

"이 빨갱이 새끼들."

총구가 불을 뿜었다. 민간인들이 하나 둘 쓰러졌다. 그래도 총소리는 멈추지 않았다.

경남 통영시 하일면에 있는 안장 섬에서는 주민들 200여 명이 새끼줄로 손을 묶인 채 수장되었다. 뭍에서 뱃길로 10분이면 닿는 무인도였다. 죽으러 가는 그 10분이 그들에게는 어떤 시간이었을까. 죽임을 당하는 사람과 죽이는 사람의 눈빛은 과연 어떠했을까. 안장 섬 밑은 수심이 1,000미터나 된다고 한다. 이 곳 돌들은 모두 붉은 핏빛이었다. 그때 죽임을 지켜보았던 느티나무 아래서 천도재를 지냈다. 그 깊은 바닷속에서 최후를 맞았을 것을 생각하니 순례자들의 가슴이 시려왔다. 바람이 심하게 불었다. 그날도 그랬을 것이다. 도법은 멀리 바다를 보았다. 제주 앞바다가 그랬듯이 그때의 비명을 삼킨 바다는 아무 말이 없다. 아픔은 산 사람의 것일 뿐인가. 그때 그 바다가 지켜보는 가운데 그때 그 바람을 온몸으로 맞았다.

마산 진전면 여항리에서 있었던 일이다. 1992년 태풍 루사가 몰고 온 비바람에 진전면 여항리 숯막 한 골짜기가 무너져 내렸다. 그러자 유골이 무더기로 쏟아져 나왔다. 잠깐 나갔다 온다 하고서는 영영 돌아오지 않은 아버지들. 태풍 루사가 아니었으면 아직도 골짜기에서 음산한 바람을 맞고 누워 있었을 것이다. 아버지를 기다리던 어린 자식들이 백발이 되어 백골이 되어 나타난 아버지 앞에서 통곡을 했다.

함안군 군북면 장지리는 6·25전쟁 당시에는 갯벌이었다. 의령군 방향으로 피난을 가던 민간인들이 미군 폭격기의 기총소사로 죽어갔다. 이유는 미군 폭격기 작전소개지역이라는 것이었다. 쏘지 말라고, 우리는 같은 편이라고 흰 수건과 흰 옷을 흔들었지만 날아온 것은 포탄과 총알뿐이었다. 폭격기는 1,000명의 흰 옷에 피를 뿌리고서야 하늘 저편으로 사라졌다.

따지고 보면 이 땅 어디에도 무덤 아닌 곳이 없습니다. 마을마다 핏빛 사연이 스며 있었습니다. 그것들을 씻어내는 위령제를 곳곳에서 지냈습니다. 생명평화순례단이 찾아가면 예술인들도 기꺼이 동참하여 굿판을 벌였습니다. 생명평화를 향한 염원은 같았습니다. _청원에서

1949년 크리스마스 이브였다. 경북 문경군 산북면 석달동으로 국군 3사단 25연대 7중대 69명의 군인들이 들이닥쳤다. 그리고 총을 난사했다. 예수가 막 태어나려던 그 시각에 민간인들이 학살되었다. 아이들 26명이 죽고, 노인은 10명, 여인 42명이 숨졌다. 안 죽일 테니 산 사람은 일어나 보라고 해서 겨우 꼼지락거렸더니 또 총을 쏘아 죽이고, 시신 위에 불을 질렀다.

박아기, 황아기, 남아기, 채아기, 정아기. 채 이름도 갖기 전에 총을 맞고 세상을 떠났다. 살아 있음과 죽음의 경계는 과연 무엇이란 말인가.

위령제를 지낼 때마다 순례단원들은 서늘한 기운을 느낀다. 도법은 엎드려 그 땅에 입을 맞추었다.

"당신들을 끌어안습니다. 이제 원을 풀고 하늘로 오르십시오."

순례길에 들린 지역 중에 아픈 사연이 없는 곳이 없었다. 나라 전체가 무덤이었고 온 산하에 핏빛 절규가 스며 있었다. 동학전쟁으로, 6·25전쟁으로, 4·3항쟁으로 사람들은 죽었다. 그때마다 천지가 울부짖었다.

살아 있음이 죄였다. 그냥 죽어야 했던 그들. 주검은 아무렇게나 버려졌다. 그들의 최후는 실로 비참했다. 이유 없이 죽었으며, 죄의식 없는 살인자들 때문에 우리 근·현대사는 피바람이 멈추지 않았다. 행간마다 피비린내가 난다. 이름을 부를 수 없는 그 많은 주검들, 눕지 못한 그 많은 주검들, 잠들지 못하는 그 많은 주검들. 그 억울한 죽음들이 이 산하에 음산한 기운이 돌아나게 했다. 저 원혼들을 그대로 두고, 저 절규와 비명을 쓸어주지 않고, 저 통곡과 원한을 씻어주지 않고 우리가 대체 무슨 일을 할 수 있단 말인가?

반세기가 넘어 나라에서 '진실 화해를 위한 과거사정리위원회'가 구성되었다. 그들은 '진실'을 발굴해내고 국가에 권고했다. 한국전쟁 전후에 자행한 민간인 학살사건, 이른바 보도연맹사건에 대해서 공식 사과하라고 했다. 아울러 위령사업을 지원하고 명예회복 조치를 취하라고 했다. 하지만 우리 산하에 무고하게 죽은 양민들이 얼마나 묻혀 있는지 알 수 없다. 적게는 수만 명에서 많게는 20만 명이 넘게 희생되었을 것이라고 추정할 뿐이다.

아무 죄 없는 사람이 죽었는데도 "잘못했다, 미안하다"는 한 마디 말을 듣는 데 무려 반세기가 걸렸다. 하지만 이제라도 덮어 둔 비극을 다시 들춰내 자초지종을 따져봐야 한다. 그리고 그들의 죽음을 따뜻하게 보듬어야 한다. 그것은 산 자들의 화해를 위해서도 필요하다. 산 자들이 무릎을 꿇어야 한다.

회자정리會者定離. 만나면 다시 헤어져야 합니다.
순례를 마치고 떠나는 단원이 도법스님을 껴안습니다.
떠나는 사람은 흐느끼는데 스님은 그저 웃고 있습니다.
이렇게 순례단원들은 철 따라 가고 다시 오는데
스님만 길 위에 있습니다. _충청남도 순례를 마치고

빗방울 화석이 말했다

어디서 불려나와 어디로 가는가

창녕 우포늪을 돌았다. 함안에서는 아라가야의 고분 사이를 걸었다. 늪에서는 살아 있는 것들의 아우성이 들렸고, 고분군에서는 죽은 자들의 사연이 밟혔다. 살아남기 위해 애를 쓰는 늪과 멸하여 이름마저 희미해진 가야의 고분군. 저 두 세계는 다르지만 닮았다. 바로 현재 존재한다는 것이다. 하나는 살아서, 하나는 죽어서 우리 곁에 있었다. 그러고 보면 과거, 현재, 미래로의 구분이 의미 없어 보인다. 내가 살아서 맞이하는 시간 외에는, 다른 시간은 있으되 없는 셈이다. 나를 거쳐 간 시간은 다시 우주로 흐를 것이다. 아니 우주의 시간이 지금 내게 몰려왔음이다. 아니 시간은 존재하지 않앉고, 내가 흘러가는지도 모른다.

갑자기 먼 과거에서 불려나온 것 같고 이제 막 먼 미래로 출발한다는 느낌이 들었다. 내가 살아 있음은 무엇인가. 나는 어디서 불려나와 어디로 가고 있는가. 부처님이 말씀하셨다.

"모두가 인연으로 나타나고 인연으로 사라진다."

유마경에는 이렇게 적혀 있다.

"무주無住의 뿌리에 모든 것이 존재한다."

지금 내가 이 땅에 서 있는 것은 인연의 결과물이다. 우주가 생긴 이래 일어났던 모든 업들이 얽혀 있다가 다시 나타남이니 내가 여기 서 있음은 우주적 행위이다. 나는 하늘에서 떨어지거나 땅에서 솟아나지 않았다. 인연이 빚어냈다.

비가 오고 해가 뜨면 모든 것이 말짱하다. 땅과 하늘이 그대로이다. 그러나 비가 왔다는 것은 엄연한 사실이다. 결코 없앨 수 없는 진실이다. 우리 땅 곳곳에 빗방울 화석이 있다. 몇 만 년 전에 하늘에서 쏟아진 비, 그 찰나의 순간이 굳어 있다. 기록되지 않았다고 함께 내린 빗방울이 없어지겠는가. 그렇지 않다. 내린 빗방울은 땅속에 고여 있거나 무엇인가에 스며들었다.

빗방울 화석이 말했다. 있었던 것은 지워지지 않는다고. 저지른 것은 씻기지 않는다고. 훼손된 것은 원상으로 돌아가지 않는다고.

거대한 무덤과 무덤 사이에 길이 있습니다.
저 길은 과거에서 빠져나온 길인지요,
아니면 과거 속으로 들어가는 길인지요.
저 길을 걸으면서 과거에서 불려나온 것 같은 느낌이 들었고,
먼 미래로 들어가는 것처럼 여겨지기도 했습니다.
지금 나는 어디서 불려나와 어디로 가고 있는 것인지요?
저 고분을 만든 사람들, 저 고분 속에 들어간 사람들,
그리고 그 길을 걷는 사람들은 어디서 다시 만날까요? _창녕에서

도법스님이 동화작가 권정생 선생님이 사는 토담집을 찾아갔습니다.
권 선생님이 말했습니다.
"사람들만 말을 만들어요. 자연은 그렇지 않습니다.
저희 어머님은 말하셨어요. '저 뜨거운 태양 속에 있는
강이 언제 뜨겁다고 하더냐' 고요.
어머님은 평생 덥다는 말씀이 없으셨습니다."
권선생님은 '위대한 사람이 없는 세상이 훌륭한 세상'이라고 했습니다.
그는 이제 세상에 없습니다.
맑은 동화 외에는 아무것도 남기지 않았습니다. _안동에서

하늘이 열린 이래 일어나고 사라졌던 모든 일들은 또 다시 인연 따라 나타나고 사라져간다. 세상은 거대한 인연의 장이다. 그 인연의 장은 무한하다. 지금 이 순간에도 인연의 장은 끊임없이 상호의 존성과 상호 변화성의 인연에 따라 생성, 소멸하고 있다. 영원과 무한으로 펼쳐지는 인연의 장은 우리네 생각의 넓이와 크기로는 알 수 없는 일이니, 원래 인연의 장은 우주 자체인지도 모른다.

우리네 조상의 삶과 그 옛날 자연이, 그리고 겹겹이 쌓인 그 많은 일들이 내 몸에 유전자를 형성했다. 그것은 요즘 과학이 증명해 주고 있다. 철새는 누가 가르쳐주지도 않았는데 수만 리 그 먼 길을 날아가고 날아온다. 큰뒷부리도요새는 뉴질랜드를 출발해서 일주일 동안 1만 킬로미터를 날아와 정확히 새만금 갯벌에 내린다. 바다를 건너와야 했던 철새들의 고단한 날갯짓이 유전자 형태로 그 몸에 저장되어 있음이다.

존재하는 모든 것에는 파동이 있다. 바다에는 파도가 있고, 공기 속에는 음파가, 우리 주변에는 전자파가 있다. 마음에도 파문이 인다. 파동은 무엇인가를 변화시킨다. 다르게 얘기하면 변화가 있는 곳에는 파동이 있다. 연기계에도 물론 파장이 있을 것이다. 바다와 같은 인연의 장에서 파도 같은 연기파장이 일면 업이 튀쳐나와 어느 바닷가(현실)에 이를 것이다. 착한 행위를 하면 착한 것들이, 악한 행위를 하면 악한 것들이 뛰쳐나올 것이다. 진실한 사람이라면 좋은 기운이, 사악한 무리에게서는 나쁜 기운이 느껴질 것이다.

인류 문명은 민족의 이동으로만 전파되었을까. 꼭 그렇지 않을 것이다. 민족의 이동으로 전파되었다면 매우 오랜 시간이 걸렸을 텐데 인류는 거의 동시에 같은 유형의 문명을 꽃피웠다. 이는 연기파로만 설명이 가능하다. 신데렐라와 같은 유형의 이야기는 그 옛날 누가 전하지도 않았는데 전 세계에 골고루 퍼져 있다. 비슷한 이야기가 수백 개나 전해 내려오고 있다. 우리나라에서는 '콩쥐팥쥐'가 전해 내려온다. 거의 같은 시대에 전 지구적으로 비슷한 그릇을 사용했고, 같은 이론을 주장하는 과학자가 동과 서에서 동시에 출현했다. 연기의 파장은 이렇듯 시공을 넘어 퍼져 나간다.

여성들의 지위가 전 세계적으로 함께 신장되고 있음은 결코 우연이 아니다. 남성 위주의 사회에서 여성들을 억압했던 업이 남성들을 고단하게 만들고 있는 것이다. 변방이 중심이 되고, 중심이 해체되어 변방으로 밀려난다. 영원한 제국일줄 알았는데 미국이 갑자기 뒤뚱거리고 있다. 세상의 모든 강한 것들은 어느 날 갑자기 쇠퇴한다. 우리 인간사나 세상사에 '보이지 않는 손'이 분명 존재한다. 우주의 기운이다.

도법은 보았다. 이 땅에서 살기가 엷어지고 있음을. 죽임과 죽음이 엉켜 있던 산하에서 새로운 기운이 퍼져나가고 있었다. 강원도 화천에서는 무기를 녹여서 평화의 종을 만들고, 농기구를 만들고 있었다. 지난가을에는 경복궁 앞에서 서로 총과 칼을 겨눴던 동학농민군과 진압군의 후손들이 서로 화해의 악수를 나누었다. 동학군과 관군이 황토현 산하를 피로 물들인 이후 113년 만이다. 농민군 후손은 "진압군도 희생자"라고 했고, 진압군 후손들은 "농민혁명을 이루려는 그 뜻을 기린다"고 했다. 그들은 사발통문에 서명하고 이를 낭독했다.

"우리 후손들은 진정 손을 잡고 해원과 화해를 이루고자 한다."

이를 지켜보는 원혼들은 이제야 안심할 것이다. 농민군이건 관군이건 다 같은 백성이었다. 누가 더 나쁜가를 따져 무얼 한단 말인가. 그들은 죽이고 죽었을 뿐이다. 진보와 보수, 우익과 좌익, 남과 북, 동과 서……. 이런 것들은 작은 세월에도 녹슬어 분간할 수 없는 것들이다. 손끝에서 부서지는 하찮은 것들이다. 세월이 흘러 이제 죽은 사람들만이 남았고, 우리 땅 곳곳에서는 '죽임의 시간'을 씻어내고 있었다.

도법은 느꼈다. 우리 마음에서 분노와 증오가 사라져 가고 있음을. 도법은 보았다. 지금 우리 산하에서 용서와 화해의 기운이 퍼져나가고 있음을.

날마다 지웠다, 경계와 기준을

'뫼비우스의 띠' 형성원리가 밝혀졌다. 뫼비우스의 띠는 직사각형 종이의 한쪽 끝을 비틀어 다른 쪽과 이어붙일 때 만들어지는 모양을 가리킨다. 그러면 안과 밖의 구분이 없어진다. 그리 어렵지 않게 만들어진다. 이 모양을 본떠 무한을 뜻하는 수학기호 '∞'가 쓰이고 있다. 뫼비우스는 이를 발견한 독일 수학자의 이름이다. 그런 뫼비우스의 띠가 150년 만에 그 형성원리의 비밀이 밝혀졌다. 영국의 수학자들이 풀어낸 원리는 다름 아닌 '에너지의 밀도 차'였다. 구부러진 곳에서는 에너지 밀도가 높고, 평평한 곳에서는 에너지 밀도가 낮다는 것이다.

그러고 보니 우리 인생의 길과 너무 닮았다. 곡절(구부러진 곳)이 있으면 힘이 들고, 평탄하면 수월하게 걸어갈 수 있다. 뫼비우스의 띠는 '가도 가도 끝이 없는' 우리 인생길과 닮은 것이다. 다만 그것을 학문적으로 증명해 보였을 뿐이다.

살아간다는 것은 끊임없이 안과 밖을 넘나드는 것이다. 몸과 마음이 바로 그것이다. 우리는 몸에서 마음으로, 마음에서 몸으로 끊임없이 들락거리고 있다. 하늘과 땅, 선과 악, 이승과 저승, 실체와 그림자, 과거와 미래도 서로 맞닿아 있다. 밖인가 하면 안이고, 안에 있었는데 어느새 밖이다. 안과 밖이 없는 것, 그것은 하나에 또

도법스님이 예배당에서 말씀을 전하고 있습니다.
스님은 교회나 성당, 어디를 가도 엎드려 절했습니다.
길 위로 많은 종교인들이 찾아왔습니다.
예배당을 잠자리로 탁발했고,
생명평화의 등이 교회, 성당, 교당을 밝혔습니다.
은혜로운 일들이 일어났습니다.
도법스님의 생명평화 얘기에 신자들은 아멘으로 화답했습니다.
종교가 서로를 인정하고 손을 잡아야 그 사회가 평화롭습니다.
진리의 빛이 다를 수 없고,
사랑과 자비는 어느 종교에도 스며듭니다. _전주에서

하나가 없는 세상이다. 하나에 하나를 더하거나 빼도 하나가 되는 것이다.

겹겹의 문을 열어 젖혀도 안쪽으로 들어갈 수 없고, 껍질을 깨뜨리며 발을 굴러도 밖으로 뛰쳐나갈 수 없다. 최고의 반열에 있다거나 누구도 범접 못하는 안전지대에 있다 해도 이는 결국 허상일 뿐이다. 우리 인생은 어제도, 오늘도, 내일도 뫼비우스의 띠 위에 있는 셈이다.

권세가나 부자들은 담을 높게 쌓는다. 그들은 다른 사람이 보지 못하게, 들어오지 못하게 담을 높였을 것이다. 그러나 그것은 서로에게 담일 뿐이다. 부자는 담을 보며 재물을 훔쳐갈 도둑을 연상하겠지만, 가난한 사람들은 담을 보며 재물을 쌓아놓은 또 다른 도둑을 연상할 것이다. 그것 또한 안이 밖이고, 밖이 안인 셈이다.

잘남과 못남의 경계는 무엇이고, 잘산다는 것의 기준은 또 무엇인가. 도법은 날마다 경계와 기준을 지웠다. 인간은 수없이 많은 금을 그어놓고 스스로를 가뒀다. 만나는 사람마다 그 안에서 아프고 시리다고 했다. 억울하고 분하다고 했다. 힘이 없고 겁에 질린 사람들이 도법을 쳐다봤다. 사연들마다 빼내기 힘든 커다란 가시가 박혀 있었다. 그러나 모두 다 마음의 병이었다. 올라가면 내려와야 하고, 힘이 들면 쉬어가야 한다.

피어나는 생명평화의 꽃들

섬진강 둑길을 걷고 있는데 할머니 한 분이 순례단에게 물었다.

"날도 더운데 욕보시오. 근디 뭣허러 그렇게 걸어가시오. 힘들 턴디……."

길에서, 마을 어귀에서, 논과 밭에서 만난 할머니들도 물었다.

"집 나오면 고생인데, 무엇 때문에 길로 나섰는가요?"

아무도 대답하지 않았다. 아니 대답할 수 없었다. 우리네 할머니들은 일생 동안 들과 집에서 생명을 품고, 그것을 키워 올렸을 것이다. 그 삶은 더없이 청정했을 것이다. 할머니들 얼굴에는 질문도, 대답도 지워졌다. 길에서 만난 할머니가 바로 부처였다. 사람들은 '특별히' 부처가 되려고 한다. 그러나 부처의 말씀대로 사는 것이 부처가 되는 것이다.

농촌, 산촌, 어촌 어디에도 할머니들이 웃고 있었다. 험한 땅에 태어나 각박한 세상에서 온갖 고생을 다했지만, 그 표정 속에는 그 어떤 슬픔이나 원망도 서려 있지 않았다. 자식들을 그토록 열심히 키워냈지만, 자식 덕을 보려 하지 않았다. 마을회관에, 경로당에 모여 할머니들은 웃고 있었다. 잘남과 못남은 다 스러지고 인자함만 피어나는, 할머니 웃음은 가히 부처의 미소였다. 그 웃음은 어딘가에서 다시 꽃으로 피어날 것이다. 그들이 생명평화의 등불이었다. 그 웃음이 이 땅의 살기를 지우고 있었다. 그 웃음이 티 없는 아기 웃음으로 다시 피어날 것이다.

도법은 순례길에서 자신을 낮추고 남을 섬기는 많은 사람들을 만났다. 작고 조용한 것들이 세상을 바꾸어 놓고 있었다. '세상의 평화를 원한다면 내가 먼저 평화가 되자'는 염원이 꽃으로 피어나 향기를 뿜고 있었다.

순례길에 성공회 수녀님 두 분이 운영하는 '함께 사는 집'에 들렸네. 몸이 불편하고, 나이가 너무 많거나 어린 할머니, 할아버지, 아이들이 함께 살고 계셨네. 앞치마를 두른 수녀님들이 순례객을 흔연히 맞이해주었네.
자신의 삶을 있는 그대로 차분하게 들려주는 수녀님의 이야기가 우리 가슴에 큰 울림으로 와 닿았네. 말씀마다 사람에 대한 끝없는 신뢰와 애정이 가득 담겨 있었네. 수녀님의 조용한 말씀, 웃음을 머금은 표정, 겸손한 태도, 진솔한 몸짓으로 보아 조금도 과장되지 않음을 알 수 있었네. 이쯤에서 숱한 우여곡절을 겪으며 마련한 '함께 사는 집' 살림살이를 어떻게 하고 있는지 몇 가지 실례를 들어보겠네.

작은 것들이 큰 것이었습니다.
잊었던 생명 붙이들이 불쑥 나타났습니다.
그것은 기쁨이었습니다.
순례를 시작하고 나서 사람들은 부쩍 생명평화를 많이 얘기했습니다.
국제사회도, 언론도, 자치단체도 달라졌습니다.
우리 사회에 많은 변화가 있었습니다.
상대의 평화가 곧 나의 평화라는 것을 인식하기 시작한 것이지요.
저렇듯 꽃과 나비가 공존하는 시간 속으로는
그 어떤 사악한 기운도 침투할 수 없습니다.
작은 풀밭의 평화가 결국 숲의 평화요, 인간의 평화였습니다. _철원에서

갈대들이 손을 흔들고 있습니다. 가을은 버릴 것이 없었습니다.
바람과 햇빛까지 탁발하며 마을로 내려왔습니다. _의령에서

함께하는 식구들은 언제나 수녀님이 곁에서 돌봐줘야 하는 분들이었네. 어디 일 보러 다닐 때에도 늘 휠체어에 모시고 다녀야 하는 할아버지가 계셨네. 언젠가는 할아버지를 모시고 길을 가는데 고구마 농사를 짓는 할머니가 고구마를 나눠주고, 옥수수 농사를 짓는 할아버지가 옥수수를 내주었다네. 초기에는 식구들 밥을 얻으려고 학교급식소에 찾아가기도 했다네. 그런 과정에서 고추 농사를 짓는 이웃 아주머니는 고추를 주고, 감 농사를 짓는 이웃 아저씨는 감을 주었다네. 이 마을 저 마을, 이 집 저 집, 이 사람 저 사람의 따뜻한 보살핌이 모여 '함께 사는 집' 살림이 이루어졌다고 하네.

지금은 굳이 찾아다니며 도움을 청하지 않아도 저절로 살림살이가 된다고 했네. 주유소에서는 기름을, 병원 식당에서는 음식을, 김치 공장에서는 김치를, 빵집에서는 빵을 보내준다고 했네. 동네의 따뜻한 인심, 멀고 가까운 곳에 있는 분들의 아름다운 마음들이 현재 '함께 사는 집'의 전 재산이며 희망이라 했네. "스님! 세상이 참 아름답지요?" 하며 바라보는 티 없이 맑고 순한 웃음이 가득한 수녀님의 눈빛과 얼굴 표정과 몸짓이 나그네들을 흐뭇하게 했네.

문득 '부처의 눈에는 부처만 보이고, 돼지의 눈에는 돼지만 보이는 법'이라는 옛 속담이 떠올랐네. 산골짜기에 가서 "나 너 사랑해!"

문득 돌아보니 지나 온 길이 아득합니다. 많은 것을 탁발했습니다.
밥 주면 밥 먹고, 돈 주면 돈 받았습니다. 어떤 곳에서는 욕도 한 사발 얻어먹었습니다.
모든 것이 스승이었고, 도처에 부처였습니다.
혼란스럽고 어지러울 때는 지리산 바람을 앞세웠습니다.
그 바람으로 안과 밖의 경계를 지웠습니다. _광주에서

하고 소리치면 "나 너 사랑해!" 하고 메아리치는 이치와 같네. 마찬가지로 아름다운 수녀님의 마음에 세상은 아름다움으로 반응하고 있었네. 인심 좋은 수녀님의 삶에 '인심 좋음'으로 응답하고 있었네. 수녀님의 눈에 비친 아름다운 세상, 인심 좋은 마을은 그 누구도 아닌 수녀님 자신에 의해 가꾸어지고 창조된 것이네. 세상의 주인도 자신이며, 삶의 창조자도 자신이라는 성자들의 가르침을 지금 여기에서 보았네. 진리가 이 땅의 삶으로 꽃피워져 있음을 보았네. 생명평화를 온전하게 탁발한 하루였네. _도법 순례일기

길에서 목사, 신부, 스님, 교무, 수녀를 만났다. 길 위에서 만난 종교인들은 언행이 겸손하고 마음씀씀이는 넉넉했다. 교회, 성당을 찾아가 밥과 잠자리를 탁발했다. 도법은 곳곳에서 은혜로운 기운을 느낄 수 있었다. 그들은 마음까지 탁발해주었다. 교회, 성당, 교당에 생명평화의 등을 달아주었다. 그들은 기꺼이 등불이 되어주었다.

종교宗敎란 말 그대로 '으뜸가는 가르침'이니 어찌 종교간 다툼으로 미움을 전염시킬 수 있겠는가. 어찌 분노를 부추길 수 있단 말인가. 어찌 진리의 빛이 다르다고 우길 수 있는가.

도법은 길에서 길을 물었다. 물음이 답이 되어 다가왔다. 희망은 본래 존재하는 것이 아니라 만들어가는 것임을 보았다. 함께 꿈꾸면 그 꿈은

현실이 된다는 것을 알았다. 우리 유전자 속에는 '사랑'이 들어 있음을 확인했다. 맞다. 순례단의 기도가 호주 앞바다의 죽어가는 산호초를 살릴 것이다. 빙하가 녹아내리는 파타고니아, 잘려나간 숲 사이로 강물이 말라 가는 아마존 밀림, 만년설이 흘러내리는 아프리카 최고봉 킬리만자로, 가라앉는 몰디브 섬을 살릴 것이다. 우리의 기도가 간절하기에, 비록 시작은 미약했으나 생명의 기운이 태풍이 되어 지구촌에 뿌려질 것이다. 나 아닌 우리가 되어 서로 사랑할 것이다. 우리는 나비효과를 믿는다.

우리 형제인 날짐승, 들짐승, 물고기, 식물들도 그 기도에 응답할 것이고, 이들을 살리는 햇볕, 물, 공기, 흙, 바위도 공명할 것이다. 인간과 지구를 구할 원소는 이제 사랑뿐이다. 사랑이 마지막 자원이다.

어디를 가든 사람이 있음이 눈물 나게 고마웠다. 가는 곳마다 등불이 생겼다. 우리가 밝힌 생명평화의 등불로 세상은 너그럽고 생명붙이들은 편할 것이다.

도법은 아직 길 위에 있다.

많이 걸었습니다.
길에서 길을 물었습니다.
사람이 절망이었지만
결국 사람이 희망이었습니다.
희망은 본래 있는 것이 아니라 만들어가는 것임을 보았습니다.
함께 꿈꾸면 그 꿈이 현실이 된다는 것도 알았습니다.
길에서 마을에서 생명평화의 기운이 번지는 것을 느꼈습니다.
아직 가지 않은 길이 있고,
다시 사람의 길 위에 설 것입니다. _영주에서

| 순례기를 마치며 |

처음엔 당당하고 끝은 평화로웠다

　부처님오신날을 앞두고 도법스님께 말씀을 얻으러 갔다. 새 천년으로 막 넘어 온 2001년이었다. 지리산 자락에 앉아 있는 실상사에 들어섰을 때의 느낌이 아직도 생생하다. 산길을 오르다 보니 홀연 넓은 평지가 나타났다. 그곳에 도무지 절 같지 않은 절이 서 있었다. 육중한 대웅전과 선명한 단청을 연상했던 나에게는 충격이었다. 경내는 고요했고, 꽃들만이 웃고 있었다. 1200년 동안 그 자리에 서 있는 석탑에는 시간이 멈춰서 고여 있는 듯했다. 불사의 흔적은 어디에도 없었다. 인간이 들어서야 비로소 절집이 되는, 그런 편한 모습으로 고찰은 서 있었고 그 안에 스님이 있었다.
　부처님오신날 무엇을 생각하느냐고 묻자 "아침이면 해 뜨고, 저

녘이면 달이 뜨니 별것이 아니다"라고 했다. 왜 불자들이 스님을 성철, 서옹, 원효와 함께 존경하는 스님으로 꼽았느냐고 묻자 "고민할수록 하찮은 존재이니 그저 웃을 일이다"고 했다. 군더더기가 없는 실상사처럼 스님에게서는 어떤 욕심도 붙어 있지 않아 보였다.

그리고 2004년 3월 1일, 다시 스님을 취재할 일이 생겼다. 스님이 생명평화 탁발순례단 단장을 맡아 산문을 나서기로 했기 때문이다. 실상사 주지 자리도 내려놓고 수경스님과 길을 나서는 스님을 보며 가슴이 뜨거워졌다. 말로는 표현할 수 없는 울림이었다. 온 나라의 모든 고을을 찾아가 빌어먹는 탁발순례. 생명평화를 얻지 못하면 죽겠다는 결연함. 무엇이 스님을 저토록 간절하게 했을까. 스님과 함께 걷고 싶었다.

하지만 드문드문 내려가 슬쩍슬쩍 순례단원이 되었다. 스님은 한결같았다. 어떤 질문을 받고, 어떤 경우를 당하더라도 생명평화 탁발순례의 초심을 내려놓지 않았다. 많은 사람들이 찾아왔다. 누구를 맞이하건 처음에는 당당했고 끝은 평화로웠다. 스님은 깨달았으면 실천해야 한다고 했다. 부처님도 길에서 길을 찾았다고 했다. 옳은 길이면 주저 없이 가야 한다고 했다. 스님은 길에서 만난 사람들에게 나를 이렇게 소개했다.

"생명평화 탁발순례단 공식 취재기자입니다."

고맙지만 부끄러웠다. '공식'이 따라붙는 취재기자로서 한 일이 별로 없었다. 나는 스님과 같이 걸으면서 자연인으로 돌아갈 수 있었다. 걸은 만큼 가벼워지고 생각이 정리되었다. 그렇게 해서 내 속을 들여다보니 크고 작은 상처들이 보였다. 나는 그걸 치유할 수 있었다. 스님을 만나러 갈 때는 설렜지만 스님을 길 위에 두고 돌아설 때는 아팠다. 세상은 무심한데 생명평화의 마음을 탁발하겠다고 엎드린 스님. 저 스님에게 우리 모두는 누구인가.

봄·여름·가을·겨울, 전라·경상·제주·충청·강원도. 스님은 수만 리를 걸어 수만 명 사람을 만났다. 얼굴은 그을리고 몸은 수척해졌다. 하지만 눈은 더 빛났다. 스님의 표정에서 수행자의 고단함 너머의 희열을 읽을 수 있었다. 묻고 답하기를 수만 번. 스님에게는 생명평화의 길이 마침내 보였을 것이다.

나는 도법스님이 임명한 공식취재기자로서 감히 이 순례기를 썼다. 종교에 대한 지식은 턱없이 부족하고, 스님의 사상을 담아내기에는 공력이 너무 모자라다. 그래서 필은 무디고 더뎠다. 그래도 화엄의 바다에 마음 하나 내려놓기로 했다. 이 마음이 흘러가 어떤 인연을 만들지.

순례단원이 되어 함께 길을 걷던 사람들이 문득 그립다. 그들의 맑은 생각과 간절한 기도는 어딘가에서 생명평화로 피어나고 있을 것이다. 들녘출판사의 이정원 사장, 윤재인 주간 그리고 책을 꾸민 여러분께 감사드린다. 실로 산고가 대단했다. 그분들은 정녕 들녘의 마음으로 기다려주었고 미흡한 것들을 품어주었다. 이 책은 많은 이들의 울력을 통해 태어난 셈이다. 정말 세상에 나 아닌 것이 없음이다. 길에서 만난 모든 사람들, 아슬아슬하게 세상 끝에 서 있는 생명들, 그리고 버림받고 일찍 세상을 떠난 것들에게 이 책을 바친다.

나를 있게 한 당신들, 가만히 불러본다.

2008년 새 아침

김택근 합장